AF536504

Milo Rau ist weltbekannt als Regisseur, Filmemacher und Aktivist. Mit dem NTGent leitet er zurzeit eines der aufregendsten Theater Europas. Auch außerhalb der Theaterwelt leistet er vielfältig Beitrag zu Debatten und beeindruckt mit erkenntnisreichen Texten. Rau nimmt Anteil, wenn er berichtet, und er stellt den Menschen ins Zentrum des Weltgeschehens, das er vermittelt, sei es aus Köln oder der Schweiz, sei es aus Brasilien, Irak oder dem Kongo. Hinzu kommen bissige Satiren. Stets erweist sich Rau dabei als ein Beobachter, der Details sieht, die Journalist:innen oft verborgen bleiben.

Mit den 99 Texten präsentieren die Herausgeber:innen Rolf Bossart und Kaatje De Geest eine Art Logbuch Milo Raus – eines Künstlers, der immer wieder seine eigene Position und seine Privilegien hinterfragt.

Milo Rau, geboren 1977 in Bern, arbeitet als Regisseur, Autor und sozialer Plastiker. Sein Werk umfasst über 50 Theaterstücke, Filme, Bücher und Aktionen. Im Verbrecher Verlag erschienen von ihm u. a. »Die Moskauer Prozesse / Die Zürcher Prozesse« (2014), »Althussers Hande« (2015), »Die Europa Trilogie« (2016), »Five Easy Pieces / Die 120 Tage von Sodom« (2017), »Das Kongo Tribunal« (2017) und »Lenin« (2017). Zudem gibt er die Golden Books des NTGent heraus, in der Reihe erschienen zuletzt die Bände »The Art of Resistance« (2020) und »Why Theatre?« (2020).

MILO RAU

GRUNDSÄTZLICH UNVORBEREITET

99 Texte über Kunst und Gesellschaft

Herausgegeben von
Rolf Bossart und
Kaatje De Geest

VERBRECHER VERLAG

Erste Auflage
Verbrecher Verlag Berlin 2021
www.verbrecherei.de

Druck und Bindung: CPI Clausen & Bosse, Leck
Satz: Christian Walter

ISBN 978-3-95732-475-7

Printed in Germany

Der Verlag dankt Sophie Bölke, Alissa Fenner
und Anouk Spilker.

INHALT

2014

2015

2016

2017

2018

2019

2020

2021

2014

LOB DER SCHWEIZ

Vor drei Tagen war ich in Winterthur, einer Stadt, die ziemlich genau auf halber Distanz zwischen Zürich und St. Gallen liegt. Obwohl ich in St. Gallen aufgewachsen bin und in Zürich studiert habe, bin ich bisher nie in Winterthur aus dem Zug gestiegen – etwas, das ich selbstverständlich auch über die meisten anderen Schweizer Städte sagen könnte. Wie auch immer, im Theater Winterthur wurden am vergangenen Donnerstag die Schweizer Theaterpreise verliehen, einer davon freundlicherweise an mich.

Es mag sein, dass die wohlmeinenden Worte der Jury und das Gratisbier meine Wahrnehmung leicht trübten. Doch wenn es eine Kombination von Eigenschaften gibt, die für mich das kennzeichnen, was man »schweizerisch« nennen könnte, so waren sie alle in Winterthur versammelt. Schon bei den Reden ging es los: Auf den fabelhaften, den »Schweizermachern« entsprungenen, natürlich schnauzbärtigen Stadtpräsidenten (»Das Theater ist Auseinandersetzung!«) folgte der genauso fabelhafte, seinerseits völlig postmoderne Bundesrat Berset, der in knapp drei Minuten in drei Sprachen Victor Hugo, Brecht, Dürrenmatt, Frisch und seine Kinder zitierte. Die Preisverleihung selbst war von einer Art familiären Selbstironie unterströmt, wie es sie meines Erachtens nur in der Schweiz gibt: alles total professionell gemacht, alles total interessant, auch alles halb so wichtig!

Das Ganze endete damit, dass man mit Kindergabeln aus winzigen Tellern Risotto und Tomatensalat aß und ein Mann namens

»Plattenleger Edi« (ebenfalls mit Schnauzer, vielleicht der Bruder des Stadtpräsidenten?) eine derart grotesk veraltete DJ-Performance ablieferte, dass sich der Abend in die irre Variante eines Matura-Abschlussballs aus den 80ern verwandelte. Und es gab auch den unvermeidlichen Bündner, der sich darüber beklagte, dass die Preisverleihung drei- und nicht viersprachig ausgerichtet worden war. »Wäre ich Jurassier«, sagte er, »dann würde ich dieses Scheißtheater in die Luft sprengen. Und das Bundesamt für Kultur gleich mit. Aber klar, mit uns Rätoromanen kann man es ja machen.«

Worauf will ich eigentlich hinaus?

Auf die Schweiz natürlich – auf was sonst? Denn würde man einem Pakistaner oder Mexikaner erklären wollen, wie unser Land funktioniert, so hätte man ihn nur nach Winterthur mitnehmen müssen: zu diesem Meisterwerk der anarchischen Biederkeit und des völlig professionellen Understatements. In Deutschland sind solche Preisverleihungen für gewöhnlich fies und aufgeblasen, und ich fühle mich danach immer wie ein Trottel. Hier allerdings fühlte ich mich, zum ersten Mal in meinem Leben, tatsächlich geehrt. Danke, Merci, Grazie! Und da mir der rätoromanische Begriff partout nicht einfallen will, schlage ich vor, dass das Bundesamt für Kultur als Zeichen meiner Dankbarkeit in die Luft gesprengt wird.

JENSEITS VON EUROPA

Jenseits von Europa werde ich oft für einen Deutschen gehalten, manchmal für einen Franzosen, ab und zu für einen Rumänen. Grundsätzlich ist mir das egal, als ich aber vor ein paar Tagen auf einem Festival in den USA als »Regisseur aus Brüssel, der Hauptstadt Europas« vorgestellt wurde, erhob ich Einspruch. Ich sei nicht Belgier, sondern Bürger der Schweiz – welche, nebenbei bemerkt, nicht zur EU gehöre. Der Moderator, der aufgrund meines Akzents nur die Hälfte verstanden hatte, jedoch eine jener unschönen nationalistischen Szenen heraufziehen sah, für die wir Europäer berüchtigt sind, fiel mir sofort ins Wort. Es tue ihm schrecklich leid, er habe das stolze serbische Volk nicht beleidigen wollen! Das Publikum klatschte Beifall, und eine hünenhafte Latina aus der ersten Reihe umarmte mich spontan.

Im Anschluss an die Debatte lernte ich eine (echte) Serbin kennen, Professorin für Kunstgeschichte in Harvard. Im Lauf des Nato-Bombardements 1999 seien zwei ihrer Familienangehörigen von amerikanischen Streubomben zerfetzt worden, erzählte sie mir, weshalb sie die Stelle in Harvard »mit gewissen Vorurteilen« angetreten habe. Doch alle seien derart verständnisvoll hier, derart an Europas schizophrenen Anwandlungen interessiert, dass sie sich irgendwann gefragt habe, ob sie die Professur nicht vielleicht erhalten habe, weil sie Serbin sei. Einer der amerikanischen Juniorprofessoren habe kürzlich sogar ein altes Gutshaus in Bulgarien gekauft. »Stell dir vor:

Bulgarien«, sagte sie lachend, als fände ihr amerikanischer Kollege Gefallen daran, sich aus einem Mülleimer zu ernähren.

Wie sich am Abend herausstellte, war die Latina, die mich umarmt hatte, eine hohe Offizierin der amerikanischen Streitkräfte. Sie wisse, sagte sie, dass wir das als europäische Nationalisten nicht gern hören würden, doch die Bombardierung Budapests sei völkerrechtlich absolut korrekt gewesen. »Belgrads«, korrigierte die serbische Kunsthistorikerin, aber der minimale phonetische Unterschied wurde von ihrem Akzent verschluckt. Beim Apéro erzählte sie mir, sie habe vergangenen Winter am Bodensee das Sanatorium ausfindig gemacht, in dem Aby Warburg behandelt worden war. Bei ihren Recherchen sei sie ständig zwischen Konstanz und Kreuzlingen hin- und hergefahren, kein Zollbeamter weit und breit. Wo denn der Unterschied zwischen den beiden Ländern liege? Sogar der seltsame Dialekt sei ja derselbe.

Kurz spürte ich die Berufung, ihr die fundamentalen kulturellen Gegensätze zu erklären, die Deutschland und die Schweiz für ewig voneinander trennen. Plötzlich überkam mich aber eine unwiderstehliche Müdigkeit. »Keine Ahnung«, sagte ich. »Jedenfalls spielen die Deutschen besseren Fußball.«

IN DER VORGESCHICHTE DES MENSCHEN

Gerade schrieb mir ein befreundeter kongolesischer Studentenführer: Ich solle ihm bitte die Aufnahmen schicken, die ich im Juni anlässlich des Massakers von Mutarule – ein Dorf im Ostkongo – gemacht habe, er wolle nämlich einen Prozess anstrengen.

In Mutarule sind vor eineinhalb Monaten 35 Kinder und Frauen von Milizen ermordet worden. Durch eine Verwicklung von Zufällen waren wir das erste Kamerateam vor Ort. Die Einwohner:innen hatten die mit Gewehren und Macheten getöteten, teilweise verbrannten Leichen aus Protest auf die Straße gelegt: eine lange Reihe toter Körper, bis auf eine Ausnahme handelte es sich um Mütter und ihre Kinder, das jüngste war zwei Monate alt. Trotz der grässlichen Wunden sahen sie friedlich aus, als würden sie schlafen.

Die Bevölkerung war nicht verzweifelt, sie war völlig außer sich. Hätte nicht der Studentenführer für uns Partei ergriffen, die Dorfjugend hätte uns wohl umgebracht, als Antwort auf die absurde Abgebrühtheit und Tatenlosigkeit der Welt. Doch nun wurde unser Kameramann aufgefordert, jede einzelne Leiche, jedes verbrannte Haus und jedes blutbeschmierte Kleidungsstück zu filmen. Einige Stunden später traf der kongolesische Innenminister ein. Auch er wäre sofort massakriert worden, hätten ihn nicht bis an die Zähne bewaffnete Elitetruppen begleitet.

Dann ging alles erstaunlich schnell: Ein Bagger hob ein Massengrab aus, die Leichen wurden hineingelegt, der Minister warf unter dem Hohngeschrei der Dorfbevölkerung eine Handvoll Dreck hinterher. Ich erinnere mich besonders daran, wie sich der Minister umständlich die Hände abwischte und wie der süßliche Leichengeruch tagelang nicht aus den Kleidern (und sogar dem Mund) zu kriegen war.

Warum ich das alles hier berichte? Weil es in der Region, die reich an Mineralien ist, nicht zufällig zu diesen Massakern kommt. Denn im großen Stil schürfen kann man erst, wenn die Einwohner verschwunden sind – einen Gefallen, den die Dorfbevölkerung übrigens ihrer prozentual an den Gewinnen der Bergbaufirmen beteiligten Regierung unterdessen gemacht hat: Sie hat Mutarule verlassen.

Von Jean Ziegler stammt ein Satz, der mich immer sehr beeindruckt hat: »Wir befinden uns in der Vorgeschichte des Menschlichen.« Wir sind noch unfertig, gierig, grausam und gedankenlos wie Tiere, erst auf halbem Weg zum Menschen. Manchmal fürchte ich jedoch, dass wir unsere Chance verpasst haben – und uns bereits in der Nachgeschichte des Menschlichen befinden. Denn wie zum Hohn ist mein iPad, auf dem ich diese Dinge schreibe, mit Kondensatoren ausgestattet, die aus genau den Mineralien hergestellt sind, wie sie in der Region von Mutarule abgebaut werden.

KOMPROMISS STATT STREIT

Genf ist eine zutiefst religiöse Stadt. Nach zehn Uhr abends kann man kein Bier »über die Gass« mehr kaufen, an jeder Straßenecke steht mindestens ein protestantischer Tempel. Sogar in der abgefuckten Bar gleich hinterm Hauptbahnhof ist kurz vor ein Uhr Schluss. Während in anderen Glaubensmetropolen – St. Petersburg oder Teheran – der religiöse Wahn sich eher intolerant gebärdet, ist in Genf alles auf Kompromiss ausgerichtet. Calvin, eine Art Baghdadi der Reformation, schickte Andersgläubige auf den Scheiterhaufen. Heute wird man in Genf für Provokationen zu Boden gestreichelt. Die letzten zehn Tage war ich vor Ort: Das Genfer Theaterfestival La Bâtie hatte mich im Jahr 2014 freundlicherweise als Ehrengast eingeladen.

Ich muss zugeben: Vor allem die angesetzten Gespräche machten mich im Vorfeld nervös. Denn normalerweise kommen zu diesen immer nur jene Zuschauer:innen, die etwas auszusetzen haben: Politaktivist:innen, denen ich zu radikal oder nicht radikal genug bin, und allerlei Professor:innen, die mir nachweisen, dass ich ein unzurechnungsfähiger Wirrkopf bin, der von Kunst keine Ahnung hat.

Nicht so in Genf. Der Höhepunkt des postmodernen Calvinismus war zweifellos das Gespräch nach »Breiviks Erklärung«, einer Verlesung der Verteidigungsrede des norwegischen Terroristen und Islamhassers Anders Behring Breivik, der 77 Menschen ermordet hatte. Während wir an allen bisherigen Spielorten von den Medien schon im Vorfeld gesteinigt worden waren, erinnerte in Genf die Stimmung während der Lesung eher an eine ökumenische Predigt. Keine zynischen Lacher, keine ostentativen Gähner, nur ein einziger Zuschauer verließ den Saal.

Am anschließenden Podiumsgespräch nahmen ein SVP-Politiker und ein Islamgelehrter teil. Breivik bezeichnet in seiner Rede die Volksinitiative »Gegen den Bau von Minaretten« der SVP als heroische Tat im Kampf gegen die Islamisierung Europas, die Auseinandersetzung schien mir also gewiss. Doch gleich zu Beginn stellte sich heraus, dass der SVP-Mann die Initiative abgelehnt hatte, sie sei ihm »zu extrem« gewesen. Der Islamgelehrte dagegen erklärte, er fände Minarette »störend«. »Ich will in Genf nicht noch mehr von diesen Türmen sehen«, sagte er. Worauf sich beide zulächelten und mir das Wort im Hals stecken blieb.

Gerade hat nun das Theaterfestival Teheran »Breiviks Erklärung« eingeladen. In St. Petersburg hingegen läuft im Oktober mein Putin-kritischer Film »Die Moskauer Prozesse«. Falls der Genfer Calvinismus sich bis dahin global durchsetzt, werde ich also bald mit russischen Nationalisten zu Songs von Pussy Riot tanzen und mit dem Ajatollah über die Ästhetik der Minarette debattieren. Selbstverständlich nur, falls das niemandem zu extrem ist.

LOB DER KRITIK

Eines der Dinge, die ich an meiner Arbeit am meisten mag, ist das Reisen. Im letzten Jahr war ich in über 20 Ländern – auf Tour mit meinen Stücken, auf Drehs, auf Festivals oder auf irgendwelchen Konferenzen. Und obwohl es manchmal anstrengend ist, fast jede Woche zu fliegen, so hat es doch etwas Erfrischendes, die Welt ständig aus einem neuen Blickwinkel zu sehen.

Wobei »neu« vielleicht nicht das richtige Wort ist. Naomi Klein beschreibt in ihrem neuen Buch »This Changes Everything«, wie sie auf Klima- und Umweltkonferenzen immer die gleichen Leute trifft. Egal ob in Tokio oder Bogotá, in Kapstadt oder Zürich: Wie im Gesellschaftsteil einer Provinzzeitung tauchen ständig dieselben Gesichter auf und sagen ihre Sprüchlein auf.

Genauso ist es im Theaterbetrieb. Es gibt eine Handvoll Regisseur:innen, die ich öfter sehe als meine Töchter. Und es gibt kein Festival, auf dem mich nicht bereits eine hochintelligente Kuratorin mit einer »Politik und Kunst«-Gesprächsrunde erwartet, zu der neben meiner Wenigkeit die immer gleichen Teilnehmer:innen eingeladen sind. Eine wirkliche Auseinandersetzung ist daher in etwa so wahrscheinlich wie eine hitzige Richtungsdebatte auf einem nordkoreanischen Parteikongress.

Worauf ich mich deshalb immer am meisten freue, sind meine Kritiker:innen. In Moskau zum Beispiel gibt es einen Journalisten, der mir abwechselnd vorwirft, dass ich Jude und Nazi bin. Beides stimmt zwar nicht, aber letzthin überraschte er mich mit einer derart genialen Formulierung, dass ich mich geschlagen geben musste: »Besonders abscheulich ist es jedoch, dass dieser junge Deutsche trotz seiner jüdischen Abstammung faschistisches Gedankengut verbreitet.«

Feinsinniger sind die Franzosen und Französinnen. Da dort ein sehr intellektueller Journalismus gepflegt wird, werden mir keine falschen Religions- und Staatsangehörigkeiten untergeschoben. Die übliche Kritik in Frankreich besteht im Vorwurf, ich würde »nicht die ganze Wahrheit sagen«. Wenn ich ein Stück über Ruanda mache, dann »schweigt Rau unverzeihlicherweise über den Kongo«. Wenn ich eine Szene von Tschechow benutze, dann »verzichtet dieser Regisseur aus unerfindlichen Gründen völlig auf Molière«. Ein Vorwurf, auf den man natürlich nicht viel erwidern, sondern nur schuldbewusst das Haupt beugen kann.

Will ich von meinen französischen Kritiker:innen geliebt werden, so muss ich wohl demnächst ein Stück über den Mond machen – den ich bisher sträflich übergangen habe. Wobei auf der dunklen Seite dieses Erdtrabanten, darf man dem wunderbar verblödeten Film »Iron Sky« glauben, die Nazis ihr Unwesen treiben. Ein weiterer Grund für einen jüdischen Faschisten wie mich, ihm endlich einen Theaterabend zu widmen!

TAGEBUCH DES ABSURDEN

Ein deutscher Verlag hat mich angefragt, ob ich ein Tagebuch schreiben wolle. Der Deal ist simpel: Ich notiere ein Jahr lang regelmäßig, was in meinem Leben passiert, und am Ende wird das dann lektoriert und unter einem möglichst interessanten Titel auf den Markt geworfen. Was ist allerdings wichtig genug, dass es aufgeschrieben werden muss? Wäre ich hauptberuflich Schriftsteller, so würde sich die Frage nicht stellen. Ein Schriftsteller schreibt eben einfach, ohne groß drüber nachzudenken, so wie ein Soldat auf Leute schießt – siehe zum Beispiel Peter Handke, der in seinen Büchern über Verdauungsspaziergänge berichtet, wenn er nicht gerade düstere proserbische Pamphlete verfasst.

Ich aber bin Regisseur und muss deshalb etwas halbwegs Interessantes erleben. Das ist vielleicht alle paar Wochen der Fall – siehe meine Tages-Anzeiger-Kolumnen –, nicht aber jeden Tag. Klar: Viele Regisseur:innen ziehen sich mit einem Krebs- oder Pilgertagebuch aus der Affäre. In aussichtslosen Fällen reicht auch eine späte Schwangerschaft oder eine Entziehungskur. Von all dem bin ich aber bisher verschont geblieben.

Ich habe deshalb beschlossen, der künstlerischen Strategie zu folgen, die mir meine Mutter schon als Teenager nahegelegt hatte: Ich werde mich dem Absurden widmen. Auf den Spaziergängen, die wir früher zusammen machten, trafen wir zum Beispiel einmal auf einen Bauern, dessen Pullover sich an einem Laubfeuer entzündet hatte. Während der Mann sich in eine Pfütze warf, flüsterte meine Mutter: »Das gibt ein Theaterstück, oder?«

Daran musste ich denken, als ich vorletzte Woche bei Ljubiša Ristić in Belgrad zu Besuch war. Ristić ist der Übervater des jugoslawischen Theaters. In den 70er- und 80er-Jahren wurde er für seine radikalen Theater- und Schmutz-Performances wie ein Gott verehrt, nach der Wende jedoch traf er eine folgenschwere Entscheidung: Er wurde Vorsitzender der Partei Jugoslawische Linke von Miloševićs Frau, Mirjana Marković. Der serbische Diktator baute ihm als Dank einen gewaltigen Theaterkomplex. Mit den Miloševićs stürzte dann auch Ristić, der seither in seinem Palast Technopartys veranstaltet. »Für die Kunstszene hörte ich gewissermaßen auf zu existieren«, sagte er mir.

Und als er das gerade sagte, kam der Dichter Peter Handke vor dem riesigen Panoramafenster vorbeispaziert. Der österreichische Dichter warf das Frotteetuch von sich, sprang in einen schmutzigen Tümpel, und mit einigen Schwimmzügen verschwand er hinter einem Schutthügel. »Das ist die Aufgabe der Kunst«, kommentierte Ristić, »sich im Schmutz zu suhlen.« Soweit der Auszug aus meinem Tagebuch des Absurden. Wer wissen will, wie es weitergeht, der lese meine nächste Kolumne oder kaufe sich dann später das Buch.

DEUTSCHE MÄDELS FÜR PUTIN

Seit langem bin ich ein Fan der slowenischen Band Laibach. Es war deshalb wohl nur eine Frage der Zeit, bis ich mit ihnen zusammenarbeite: Laibach komponiert die Musik für mein anstehendes Theaterprojekt »The Dark Ages«. Das Stück wird von den nationalistischen Verirrungen handeln, die auf den Fall des Eisernen Vorhangs folgten. Wer wäre wohl besser geeignet, die Musik dazu zu schreiben als Laibach, stammt doch folgendes Zitat zur Berliner Mauer von ihnen: »Wir würden sie gern weiter vorne wieder aufstellen, schöner und größer noch als die Chinesische Mauer.«

Persönlich kennengelernt habe ich diese großartigen Slowen:innen vor ein paar Monaten, als wir uns gemeinsam auf der »Schwarzen Liste« wiederfanden – jener albernen Geheimliste, auf die Putins Regierung seit 2013 alle ihres Erachtens »faschistischen« Künstler setzt. Während ich in Putins Reich jedoch aus reiner journalistischer Gehässigkeit als »Faschist« gelte, ist die Bezeichnung im Fall von Laibach etwas nachvollziehbarer. Ihre Konzerte gleichen Nazikundgebungen, und schon der Name der Band allein führte bei der Gründung in den 80ern zu einem Auftrittsverbot: Es war der im Habsburgerreich und unter deutscher Besatzung übliche Name für Ljubljana.

Obwohl die unterdessen zumeist etwas älteren Herren liberale Tendenzen erkennen lassen und ihre Konzerte in der Tate Modern oder im Moma veranstalten, konnte ich sie für eine Provokation im guten alten Garagenbandstil gewinnen – als gemeinsamen Dank für den Listenplatz. Im Dezember drehen wir auf dem Nürnberger Reichsparteitagsgelände einen Clip für »The Dark Ages«. Das nach allen Regeln der Naziästhetik inszenierte Machwerk mit dem Titel »Heimat« soll ein Geschenk an Putin und seine neokonservativen Ableger in Westeuropa werden. Wenn ich an die wehenden Fahnen, marschierenden blonden Schauspielschüler:innen und Synthie-Fanfaren-Stöße zu Ehren des russischen Diktators denke, läuft mir jetzt schon ein wohliger Schauder den Rücken hinunter.

Sicher: Solche Ideen mögen den Leser:innen ein bisschen infantil vorkommen. Doch jenseits aller ästhetischen Kriterien wird es zweifellos das erste Huldigungslied an Putin sein, das komplett mit westlichen Geldern finanziert ist. Und zwar nicht etwa mit Steuergeldern, sondern direkt von der bayrischen Upperclass. Das bayrische Staatsschauspiel nämlich, Hauptproduzent meines neuen Stücks, organisiert im Vorfeld des Drehs ein Benefizdinner. Stargäste aus Hochfinanz und Adel sollen gemeinsam mit mir der Musik von Laibach lauschen – woraufhin der Klingelbeutel rumgeht.

Die Rechnung ist einfach: Je mehr Geld der bayrische Geldadel bezahlt, desto mehr deutsche Jungens und Mädels können für Putin marschieren! Seit den Weltjugendspielen ist dies zweifellos der ernsthafteste und ehrlichste Versuch, die Differenzen zwischen Ost- und Westeuropa auszuräumen.

BESCHEIDWISSEN

Eine Sache, die die sogenannte Talkshow-Gesellschaft mit sich bringt, ist das Bescheidwissen. Fast täglich rufen mich Leute an, die eine griffige Meinung oder ein knackiges Statement von mir hören wollen. Wozu genau, ist dabei völlig dem Zufall überlassen.

Gestern zum Beispiel wurde ich anlässlich des 25-Jahr-Jubiläums des Mauerfalls am 9. November zur geostrategischen Situation Deutschlands befragt, nahm an einer Podiumsdiskussion unter dem Titel »Obdachlosigkeit in der Ukraine« teil und gab zur Lage unverheirateter Frauen in Serbien ein »video testimonial« ab. Zu allen drei Themen verfüge ich über absolut kein Expertenwissen. Es blieb mir also nichts anderes übrig, als mit ernster Miene das zu wiederholen, was ich direkt davor gegoogelt hatte – wenn überhaupt.

Was kein Problem war: Als Schweizer:in hat man eine fast berufsmäßige Übung im Bescheidwissen. Ob Energie-, Sicherheits-, Bau-, Kultur- oder Ausländerpolitik – die direkte Demokratie sorgt dafür, dass wir auch verwickeltste Fragen aus dem Stand mit einem Ja oder einem Nein beantworten können. Wo Bürger:innen anderer Nationen brav auf die Einschätzung der Expert:innen warten, haben wir unser Urteil längst gefällt. Einer meiner Bekannten stimmt »spontan« ab. »Wenn ich an der Urne stehe, dann macht es irgendwie klick«, sagt er. Kein Wunder, dass sich beim durchschnittlichen Schweizer oder der durchschnittlichen Schweizerin alle elitären

Selbstzweifel spätestens mit dem Erreichen des 30. Lebensjahrs verflüchtigt haben.

Das Gute dabei ist: Die Nonchalance, mit der wir hierzulande systematisch Bauchgefühl und Wissen miteinander vertauschen, kommt einem im Ausland immer wieder zu Hilfe. Niemand ist so fit für die Talkshow-Gesellschaft wie wir Schweizer:innen. Wo es für Österreicher, Französinnen oder Italiener ein Sowohl-als-auch gibt, eine ganze Welt aus widersprüchlichen Informationen, bin ich als Schweizer von Anfang an mit mir und der Welt im Reinen: Unverheiratete serbische Frauen haben's schwer (oder viel leichter als die Männer), das wiedervereinigte Deutschland dominiert die EU (oder wird von den anderen Mitgliedsländern ausgenutzt) und in der Ukraine gibt es einfach keine soziale Wohnungspolitik (oder herrscht immer noch der Kommunismus). Während meine Mitdiskutierenden noch über die Frage nachdenken, hat es bei mir längst klick gemacht. Für welche Seite ich mich dabei entscheide, ist letztlich nebensächlich.

Man stelle sich deshalb meinen Schock vor, als ich letzte Woche dem italienischen Philosophen Toni Negri ein Mail schrieb. Ich wollte ihn zu einer Debatte einladen, in der es um die Rohstoffpolitik im Ostkongo gehen sollte. »Lieber Milo«, schrieb Negri zurück, »das klingt sehr interessant. Gerne würde ich daran teilnehmen, nur weiß ich leider über den Kongo überhaupt nicht Bescheid.«

HEIDEGGERS OUTCOME

Kurz nach dem Krieg war mein Großvater der in der Schweiz führende Veranstalter für Dichterlesungen und Ordensverleihungen. Wie Max Frisch oder Friedrich Dürrenmatt profitierte er von dem, was man heute Strukturschwäche nennen würde: Der deutsche Literaturbetrieb lag nach 1945 am Boden, und die Schweizer mussten in die Bresche springen. Wer in Deutschland einen geraden Satz schreiben konnte und trotzdem noch lebte, hatte zumeist Auftrittsverbot – falls sich eine intakte Versammlungshalle überhaupt finden ließ. Das Einzige, was trotz fünf Jahren Bombenkrieg besser funktionierte als heute, war die seinerzeit noch immer Reichsbahn heißende deutsche Bahn. Sie brachte die arbeitslosen Dichter und Denker in rauen Mengen nach Amriswil, ein Fabrikstädtchen am Bodensee, wo mein Großvater seine Lese- und Diskussionsabende veranstaltete.

So kam es, dass der weltberühmte Freiburger Philosoph Martin Heidegger ein paar Mal im Haus meiner Familie zu Gast war. Obwohl seine antisemitischen Notizbücher damals noch nicht bekannt worden waren, war Heidegger in Deutschland nach dem Krieg zunächst ungern gesehen: 1933 hatte er in einer Rede Adolf Hitler mit Gott verglichen.

Ein groß aufgemachter Zeitungsbericht erinnert an einen der Besuche des Philosophen in Amriswil. Auf dem Bild kickt Heidegger meiner damals siebenjährigen Mutter einen Fußball zu, und ein humorvoller Redakteur hatte dazu geschrieben: »Heidegger Fußball spielend seiend.« Kurz vor Heideggers Tod im Jahr 1976 verlieh ihm mein Großvater dann noch einen handtellergroßen Orden, auf dem – unerklärlicherweise – die Gebrüder Grimm im Profil abgebildet waren.

Als ich nun wieder einmal in Freiburg war, musste ich an all das denken. Ich kam gerade von den Proben aus München und fuhr zu einem Publikumsgespräch mit Klaus Theweleit, meinem Freiburger Lieblingsphilosophen. Unterwegs in der Bahn erreichten mich zwei Mails des Veranstalters. Das erste kündigte ein »assoziatives Interview zur Frage der Relevanz künstlerischer Arbeit« an. Das zweite unterrichtete mich von einer »filmischen Evaluation«, in der »Herr Theweleit und Sie den Outcome Ihres Gesprächs völlig relaxed vor der Kamera reflektieren dürfen«.

Mit einer gewissen Melancholie dachte ich an jene längst vergangene Zeit zurück, in der mein Großvater deutsche Dichter und Philosophen mit Orden geschmückt und seine Tochter mit ihnen hatte Fußball spielen lassen. Hatte Heidegger je ein assoziatives Interview über die Relevanz seiner Arbeit führen müssen? Hatte er jemals völlig relaxed über den Outcome seiner Philosophie vor der Kamera reflektiert?

Dankenswerterweise war es die Deutsche Bahn, die immerhin das »assoziative Interview« verhinderte: Zwei Stunden lang blieb ich in Karlsruhe stecken. Und den Rest des Abends meisterten Theweleit und ich mit einigen Gläsern Wein – so wie wohl schon zu Zeiten meines Großvaters.

OLDSCHOOL AND HIGHSCHOOL

Gestern drehte ich mit der slowenischen Avantgarde-Band Laibach auf dem Nürnberger Reichsparteitagsgelände einen PR-Clip für mein neues Stück, in dem ich gemeinsam mit deutschen, serbischen und bosnischen Schauspieler:innen den Untergang Ex-Jugoslawiens erzählen werde. Wir drehten auf Hitlers Rednertribüne den Song »Each Man Kills the Thing He Loves« ab. Bandleader Ivan Novak hatte das Lied für mein Stück basierend auf einem Shakespeare-Zitat und einem Oscar-Wilde-Gedicht komponiert. »Oh, Jungs«, sagte Mina, die neue Sängerin der Band, »Shakespeare, Säbel, Oscar Wilde – das ist alles so Oldschool!«

Als Teenager verehrte ich Oscar Wilde: Als ich sechzehn war, lief im Kino ein großartiger Film über sein widerständiges Dandy-Leben. Einer meiner anderen Helden war Parker Lewis, »der Coole von der Schule«, die Hauptfigur einer Highschool-Serie. Parkers Antagonistin war Mrs. Musso, die Lady-Macbeth-artige Rektorin, deren einziges Ziel es war, ihre Highschool in eine Nazidiktatur zu verwandeln – was ihr dank Lewis' Widerstand natürlich nicht gelang.

Warum ich darauf komme: Vor ein paar Tagen guckten wir wieder einmal »Parker Lewis«. Wir amüsierten uns königlich über den Reggae-Soundtrack und Lewis' Tricks – zum Beispiel den legendären Uhrenvergleich vor jedem seiner Coups gegen die böse Schuldirektorin.

»Das ist ziemlich Oldschool, meine Lieben«, sagte unser 20-jähriger Regieassistent nachsichtig, der nicht recht nachvollziehen konnte, was es mit Parker Lewis auf sich hatte. Ein »Uhrenvergleich« kam ihm wohl in etwa so anachronistisch vor wie mir russisches Roulette.

Zurück zu den großen Klassikern: Am Abend nach dem Laibach-Dreh gingen wir im Münchner Residenztheater »Zement« des DDR-Autors Heiner Müller gucken. Das Stück spielt in Russland kurz nach der Oktoberrevolution. Die Handlung besteht darin, dass ein Kind – von seiner Mutter im Stich gelassen – im Heim verhungert und ein junger Soldat wegen absurder Vergehen erschossen wird.

Wenn auf irgendetwas der Begriff Oldschool zutrifft, dann auf »Zement«: Müllers Sprache ist archaisch, das modernste Objekt in der Inszenierung ist eine Mauser-Pistole. Die ex-jugoslawischen Schauspieler:innen jedoch waren hingerissen. »Genau so«, sagten sie, »funktioniert unser Land.« Sie sprachen über Müllers bolschewistische Kommissare und Ingenieure wie wir über die Figuren von »House of Cards« oder »Borgen«. Und mit einer gewissen greisenhaften Selbstgerechtigkeit sagte ich mir, dass einige Dinge eben immer frisch bleiben: William Shakespeare, Oscar Wilde, Heiner Müller – und Parker Lewis.

GEFÄHRLICHE BÜCHER

Im Durchschnitt bin ich zwei Tage pro Woche unterwegs. Als Folge davon lese ich ständig Bücher, für die ich sonst wohl kaum das nötige Interesse aufgebracht hätte. Denn da ich unfähig bin, mehr als ein paar Unterhosen einzupacken, bin ich einer der besten Kunden von Bahnhof- und Flughafenkiosken.

Je nach Angebot beschäftige ich mich mit Napoleon, dem Sparkurs der EU, Bill Gates oder dem 1. Weltkrieg. Ein ebenfalls nicht zu unterschätzendes Genre: Hitler-Biografien und Helmut-Schmidt-Gesprächsbände – Hitler und Schmidt sind die beiden Geißeln deutscher Bahnhofs- und Flughafenkioske.

Noch gefährlicher für einen einsam reisenden Regisseur sind aber die »Theaterwohnungen«. Oft gehören sie Schauspieler:innen oder Dramaturg:innen, die gerade irgendwo anders engagiert sind – so spart sich das Theater ein paar Hotelrechnungen. Lesetechnisch wirkt sich das katastrophal aus. Man kennt das aus Ferienhäuschen: Eigentlich hatte man das neue Buch von Naomi Klein lesen wollen, am Ende hat man jedoch den 1000-seitigen Roman von Ken Follett verschlungen, den ein anderer Gast vergessen hatte.

So las ich kürzlich in meiner Münchner Theaterwohnung »Jeder Mensch ein Künstler«, eine wirre Transkription von Gesprächen, die Joseph Beuys 1972 während der Documenta 5 mit Besuchern geführt hat. »Die Farbe der Zukunft«, in dem das Design berühmter Science-Fiction-Filme erklärt wird, begleitete mich durch eine schlaflose Nacht. Ich erinnere mich an eine Wohnung in Bremen, in der es nur Romane verfolgter russischer Dichter gab, eine andere widmete sich ganz der Hexenverfolgung im Mittelalter. In Brüssel las ich einmal drei Bücher über den Untergang der europäischen Stahlindustrie hintereinander. Und ich glaube, es war in Moskau, als ich mir eine 20-teilige Kollektion kommunistischer Partisanenfilme verabreichte, inklusive Booklets

Das ist nicht ganz ungefährlich: Beeinflusst von Beuys' Esoterik-Geschwurbel erwog ich vor ein paar Tagen sogar, meine Töchter auf eine Waldorfschule zu schicken. Eine Bekannte von mir wiederum wäre einmal fast in den Selbstmord getrieben worden. Sie war ans Mittelmeer gefahren, das Wetter war wunderbar. »Eigentlich«, sagte sie, »hätte ich glücklich sein müssen. Aber ich dachte immer nur daran, meinen Kopf in den Ofen zu stecken.« Bis sie feststellte, dass es an dem unscheinbaren Büchlein lag, das sie in der Bibliothek des Ferienhäuschens gefunden hatte: das Tagebuch eines Schriftstellers aus Sarajevo, der sich am Ende seiner Aufzeichnungen das Leben genommen hatte.

Selbstverständlich schleuderte sie den Band aus dem Fenster. Das Gleiche übrigens, was ich mit Joseph Beuys gemacht habe.

2015

JE SUIS STALIN

Vergangenes Wochenende war ich in Berlin auf einem internationalen Künstler:innenkongress. Aus circa 20 Ländern waren Regisseur:innen, bildende Künstler:innen und Intellektuelle angereist. Das Spektrum reichte von mehr oder weniger klassisch arbeitenden Künstler:innen bis zu künstlerisch inspirierten Gewerkschaften. Eine zum Beispiel kümmert sich erfolgreich unter dem Namen »Sauber genug!« um die Belange von holländischen Reinigungskräften, eine andere um die indischen Sklavenarbeiter:innen auf den Großbaustellen in Dubai.

In der Einladung war von der Verabschiedung einer Internationale aktivistischer Künstler:innen die Rede gewesen. Den Veranstalter:innen schwebte ein grandioses Manifest vor, in dem Nachwuchskünstler:innen die Regeln zur Errichtung einer besseren Welt hätten nachlesen können, verfasst von den Spezialist:innen ihres Fachs. Doch noch bevor es losging, begann der Kampf aller gegen alle. Eine Gruppe Berliner Kurator:innen, die verhängnisvollerweise nicht eingeladen worden waren, verdammte in einem offenen Brief die Veranstaltung als elitäre, indirekt von faschistischen Großkonzernen finanzierte Selbstbeweihräucherung.

Obwohl sie schon recht hatten – treffender lässt sich ein Künstler:innenkongress nicht beschreiben –, setzte dieser Brief eine ungesunde Dynamik in Gang. Eine Besucherin bezeichnete es später als »Wettbewerb im Gutsein«: Da jeder sich vom Vorwurf des Dünkels freiwaschen wollte, wurde aus dem Kongress eine basisdemokratische »Reise nach Jerusalem«. Ständig wurden die Vortragstischchen verrückt – bis das Publikum auf der Bühne saß. Die Vortragenden selbst verhielten sich so duckmäuserisch, als wären sie in die Hände einer Gruppe zugedröhnter Islamist:innen geraten.

So ist es selbstredend immer auf internationalen Kongressen: Allen gemeinsam ist nur ihr seltsames Englisch. Da ich persönlich aber unter allen öffentlichen Emotionen die Wut am meisten schätze, gestaltete ich meinen Vortrag als stalinistische Lehrveranstaltung. In der Art eines Frage-Antwort-Spiels erklärte ich, wie ein ästhetisch ausgefeiltes Kunstwerk entsteht. »Ich habe nicht nur alle Fragen«, sagte ich, »sondern auch alle Antworten.« Da ich etwas nervös war, wurde mein ohnehin akzentgeschwängertes Englisch noch schlechter als gewöhnlich – fast russisch.

Ich hatte erwartet, dass meine Präsentation in Gelächter und Buh-Rufen untergehen würde. Das Ganze muss aber auf die Anwesenden so hypnotisierend gewirkt haben, dass sie in atemloser Stille folgten und am Ende brav Fragen stellten. Abends in der Bar gratulierten mir sogar einige der Kurator:innen »für die wertvollen Hinweise«. Wie man in Frankreich sagt: »On peut rire de tout – mais pas de Charlie Hebdo.« Man kann über alles lachen – nur nicht über Stalin.

ICH, DER NEOKOLONIALIST

Vor ein paar Tagen erschien in der deutschen Tageszeitung TAZ ein Bild von mir. Man sieht mich darauf mit meinem Kamerateam, umringt von kongolesischen Soldaten. Entstanden ist das Bild vor einem halben Jahr anlässlich der Vorrecherchen zu meinem Projekt »Das Kongo-Tribunal«. Etwas verzweifelt versuchten wir damals, einen von den Presseagenturen zum Krieg hochstilisierten Grenzkonflikt zwischen Ruanda und dem Kongo zu filmen. Auf dem Bild sieht man mich in einem der Stützpunkte, in denen die Kongolesen den Angriff der ruandischen Panzer erwarteten – der nie kommen sollte. Was angesichts des bald 20 Jahre andauernden Bürgerkriegs kaum jemandem aufgefallen sein sollte.

Die TAZ ist eine hervorragende Zeitung. Wie in Nietzsches Bemerkung zu Wagner – »Nicht Wagner ist das Problem, sondern seine Verehrer« – kann man sagen: Nicht die TAZ ist das Problem, sondern ihre Leser:innen. Beziehungsweise einige ihrer Leser:innen, die mir eine Flut von hasserfüllten Nachrichten schickten, in denen sie mich als zynischen Neokolonialisten oder zweifelhaften Kriegsabenteurer geißelten.

»Man könnte über dieses Bild ein ganzes kulturwissenschaftliches Seminar machen«, schrieb eine gewisse Nora. Obwohl ich mit einem Scherz antwortete – »Dafür werden Bilder ja gemacht! Für Uniseminare!«, – stimmte mich das nachdenklich. Sah ich auf dem Bild nicht etwas angespannt aus? Warum fuchtelte ich mit den Händen, anstatt mich still und sanftmütig im Hintergrund zu halten? War das nicht genauso schlimm wie das Protzgebaren jener NGO-Kader, die in Jeeps durch die Elendsviertel dieser Welt brausen und den Einheimischen ihr Land erklären?

Der Zufall will es, dass ich gerade wieder im Kongo bin, um eine Band zu casten für den Videoclip zum »Kongo-Tribunal«. Ich habe mich sehr darauf gefreut, doch jetzt ist eine finstere Wolke am Himmel erschienen: der Neokolonialismus-Vorwurf! Man stelle sich vor: In den nächsten Tagen werden vor mir Schwarze singen und tanzen! Wenn ich Pech habe, wird jemand ein Foto davon machen, und sogar mein zur Sicherheit aufgesetztes selbstironisches Lächeln wird als feistes mitteleuropäisches Grinsen ausgelegt werden! Wie soll ich mich in dieser Situation bloß korrekt verhalten?

Wie so oft war es ein Treffen mit einem Rapper, der sämtliche Zweifel auf simpelstmögliche Weise verfliegen ließ. Lexxus Legal, der großartige Hip-Hop-Star aus Kinshasa und ein äußerst cleverer politischer Kopf, meinte am ersten Casting-Abend zu mir: »Wir liefern einfach einen krassen Film ab. Die Masken werden reihenweise fallen, mon cher. Und mit dem ganzen Rest können sich die Professoren beschäftigen.«

ICH BIN OPHELIA

Als 2014 mein Film »Die Moskauer Prozesse« ins Kino kam, wurde ich gefragt, warum ich mich mit all den putinschen Rechtsverdreher:innen und orthodoxen Radikalen abgeben würde. Meine Antwort war: Würde man aus Shakespeares »Hamlet« alle Arschlöcher und Zyniker entfernen, bliebe am Ende nur Ophelia übrig. Ophelia ist sicher die integerste Figur im »Hamlet«, doch auch die langweiligste. Das Gleiche gilt für die reale Welt: Die amoralischsten Figuren sind oft die interessantesten.

Beim Dreh zu meinem Film »Das Kongo Tribunal« treffe ich täglich mit Menschen zusammen, die einer elisabethanischen Tragödie entsprungen sein könnten: an Hamlet erinnernde Studentenführer und Oppositionspolitiker, die gewöhnlich vor Erreichen des 40. Geburtstags ermordet werden. Coltanschmuggler und Rebellen, die Reden schwingen wie die Narren in Shakespeares Königsdramen. Und schließlich die Fürsten der Demokratischen Republik Kongo: die Gouverneur:innen und die Manager:innen der internationalen Minenfirmen.

Letzten Donnerstag war ich bei einem Gouverneur zum Frühstück eingeladen: Es war eine stundenlange Audienz mit gewaltigem Buffet, bei der selbstverständlich alle außer dem Gouverneur zum Schweigen verurteilt waren. An der Tafel waren vom Vize-Gouverneur über die Justizministerin bis zum Leibarzt die üblichen Chargen versammelt. Die insgesamt sieben Handys des Gouverneurs klingelten unablässig. Besonders beeindruckt war ich von der riesigen Teetasse mit dem Schriftzug »The Boss«, in der er ein halbes Kilo Pulvermilch verrührte.

Während des Frühstücks wetterte er über die westlichen Industriemächte und die Minenfirmen, die das Volk in bitterer Sklaverei halten würden. An der Wand hinter ihm hingen jedoch Fotografien, die ihn mit George W. Bush und dem Chef der Weltbank zeigten. Und es gibt wohl keinen Minen-Manager in der Region, der nicht bei ihm ein und aus geht.

Als ich so neben ihm saß und seinen Black-Power-Monologen lauschte, erinnerte ich mich daran, was mir jemand am Abend davor erzählt hatte: dass ihm der Gouverneur bei einer Unterredung Geld geboten hätte, wenn er dafür endlich sein Maul halten würde. Sonst würde »etwas Grässliches« passieren. Und auf einmal erinnerte mich der lächelnde Leibarzt – der mir versicherte, alles sei »bio« – seltsam an den jungen Idi Amin.

Ich schaute mich um: Machte man von diesem Frühstück eine Fotografie und retuschierte alle korrupten Zyniker weg, bliebe wohl kaum jemand übrig. Außer vielleicht ich selbst – in diesem Drama zweifellos die langweilige Ophelia.

DAS ZÜNGLEIN AN DER WAAGE

Wenn man als Künstler:in ein gewisses Alter erreicht, verbringt man plötzlich sehr viel Zeit in Jurys. Obwohl ich mich brennend für Mordprozesse und Kriegsgedenkstätten interessiere, werde ich ausschließlich für Film- und Theaterjurys angefragt. Für die Teilnahme an relevanten Entscheidungen habe ich als Regisseur wohl schlichtweg »den falschen Berufsweg eingeschlagen«, wie mein Großvater mit melancholischem Kopfschütteln sagen würde.

Kunstjurys sind ähnlich zusammengesetzt wie die Himmelfahrtskommandos in amerikanischen Kriegsfilmen. Mit der Zeit kennt man sie alle: Es gibt den auf obskure Spezialgebiete abonnierten Nerd und den verrückten Professor, der an immer neuen Bewertungsmaßstäben tüftelt. Es gibt den Kumpeltyp, der schlichtweg mit allem einverstanden ist, und den Berserker, der misslungene Filme am liebsten verbieten würde. Es gibt die Mediatorin, die »ein ausgewogenes Tableau« beabsichtigt, und die Exzentrikerin, die »mit der Auswahl ein Zeichen setzen« will. Entscheidend ist allerdings jener Typus, den ich »Zünglein an der Waage« nennen will: ein meistens sehr unauffälliges Jurymitglied, das sich plötzlich resolut für dieses oder jenes Projekt einsetzt. Beziehungsweise es abschießt.

Wer gern Gerichtsfilme guckt, kennt das Phänomen. Der aufgeblasene Jurysprecher zieht zwar alle Aufmerksamkeit auf sich, entscheidend ist am Ende aber die schweigsame Dame in der zweiten

Reihe, die kurz vor Ende des Films völlig überraschend für die Todesstrafe stimmt.

In einer meiner letzten Jurys wollten wir schon ein zwar gut gemachtes, ebenso unerträglich prätentiöses Tanzstück mit einem Preis würdigen. Doch das »Zünglein an der Waage« sagte: »Nur über meine Leiche.« Womit das Tanzstück erledigt war.

Was mich persönlich angeht, beobachte ich seit einigen Jahren einen langsamen Shift vom Berserker zum Mediator. Immer öfter verzichte ich darauf, die Lieblinge anderer Jurymitglieder zu verspotten. In zehn bis fünfzehn Jahren werde ich, so meine Hoffnung, eines jener abgebrühten »Zünglein an der Waage« sein.

Nur einen unschönen Nebeneffekt hat die Sache: Man kann sich über die wenigen, hart erkämpften Preise, die man selbst bekommt, nicht mehr so richtig freuen. War man bloß als Feigenblatt ins sonst zu gleichförmige »Tableau« gewählt worden? War man ganz im Gegenteil der Favorit der cholerischen Exzentrikerin gewesen? Hatte einen gar der verrückte Professor durchgedrückt?

Oder um es mit den Marx Brothers zu sagen: Man misstraue besser jeder Jury, zu der man selbst gehören könnte.

KEINE RAKETE ÜBER ZÜRICH

»Es gibt«, sagte mir vor ein paar Jahren der Richter, der 1989 das rumänische Diktatoren-Ehepaar Ceausescu zum Tod verurteilt hatte, »nur zwei Nationen: Deutschland und Russland. Alles andere ist Schmuck.« Für einen Rumänen eine überraschend weltmännische Einstellung. Denn normalerweise geht man ja davon aus, dass die wirklich epischen Dinge im eigenen Land geschehen und alle anderen Nationen mit angehaltenem Atem danebenstehen.

Okay: Als Schweizer weiß man, dass man bei den ganz großen historischen Untergangsmusiken nicht unbedingt die erste Geige spielt –, sondern eher in der Garderobe auf die Nerze aufpasst. Vor einem Jahr waren wir in New York, und in einem Diner lernten wir zufällig eine Enkelin ukrainischer Exilanten kennen. Als meine Frau erwähnte, sie sei Deutsche, leuchteten die Augen der Ukrainerin auf: »Oh, was für ein Zufall, mein Großvater hat ein Todeslager überlebt!« Meine Nationalität hingegen inspirierte sie nur zu einer vagen Bemerkung über einen »alljährlichen Kuchentag«, den es irgendwo in den Schweizer Alpen geben soll.

Warum ich davon anfange? Aktuell probe ich in München an einem Stück, das darin besteht, dass fünf Schauspieler:innen ihre Biografien erzählen: zwei Bosnier, ein Deutscher, eine Deutschrussin, eine Serbin. Vom Zusammenbruch der Sowjetunion geht es da über zum Bombenkrieg gegen das »Dritte Reich«, von der Belagerung Sarajevos zum Nato-Bombardement Belgrads einige Jahre später.

Verglichen mit meinen Schauspieler:innen, die den Untergang ganzer Imperien miterlebt haben, hat meine Biografie keine »Brüche« aufzuweisen, wie man unter Kaffeehaus-Soziolog:innen sagt. Kein einziges Massaker, nicht einmal eine Deportation hat meine jüngere Familiengeschichte zu verzeichnen. Das Haus meiner Eltern wurde weder von marodierenden serbischen Tschetniks angezündet noch von der englischen Luftwaffe bombardiert. Nicht eine einzige Hellfire-Rakete der NATO hat sich jemals in den Luftraum über Zürich verirrt.

Mein Großvater pflegte mir früher von der Bombardierung Friedrichshafens zu erzählen, die er vom Amriswiler Kirchturm aus beobachtet hatte. Besonders unangenehm sei die Tatsache gewesen, dass die verbrannten deutschen Zeitungen vom Feuersturm über den Bodensee in die Thurgauer Vorgärten geweht worden seien.

Womit für uns Schweizer:innen nur noch eine Frage offen ist: Wo findet verdammt noch mal dieser alljährliche Kuchentag eigentlich statt?

ÜBER DIE TOTEN NUR GUTES

Ich habe mich oft darüber gewundert, wie völlig unterschiedlich Kritiker:innen meine Stücke und Filme beurteilen. Im Grunde ist es so, als würden mir 50 verschiedene Sportlehrer:innen ein Zeugnis ausstellen. Während der eine den neuen Muhammad Ali gesehen hat, kraftvoll und tänzelnd, empört der andere sich über einen zynischen Sack, der in den Seilen hängt und sein Publikum zu Tode langweilt.

Bei meinem letzten Stück zum Beispiel schrieb der »Spiegel« von »großer, ins Allgemeinmenschliche« ragender Kunst, der man atemlos folgen würde, die NZZ hingegen von »Enttäuschung« und »Kitsch«. Eine dritte Zeitung hatte ein hochkonzentriertes »Mysterienspiel wie in Bayreuth« gesehen, die vierte ein »zerfaserndes szenisches Konvolut«, die fünfte hinwiederum eine »äußerst kluge und raffinierte Montage«, die »tief beunruhigend« sei. Und so fort.

So guckt der eine zweieinhalb Stunden lang genervt in den morbiden Schlund der Performance-Kunst, die andere dagegen fassungslos »in die Mündung einer entsicherten Waffe«: Es ist, als hätten sie komplett verschiedene Stücke gesehen. Ich persönlich kann beiden Seiten etwas abgewinnen. Obwohl ich lieber gefeiert als verspottet werde, habe ich die destruktivsten Argumente eh parat. Man mag es mir nicht ansehen: Mein Arbeitsalltag ist eine einzige maoistische Selbstkritik-Verhandlung.

Ich erinnere mich, wie während meiner Inszenierung über den ruandischen Völkermord – die darin besteht, dass vier Schauspieler zwei Stunden lang in einem Radiostudio sitzen und reden – meine Regieassistentin irgendwann sagte: »Willst du nicht ein bisschen Action einbauen? Nur einen einzigen Mord?« Das tat ich nicht, verbrachte aber mehrere Wochen damit, darüber nachzudenken, und in einer Probe hatte ich sogar mehrere Hunde auf der Bühne, die die Schauspieler terrorisierten. Als der gleiche Vorschlag in den Kritiken wiederkehrte, hatte ich ihn dennoch innerlich bereits erledigt.

Trotzdem ist und bleibt negative Kritik unerfreulich. Es gibt keinen mir bekannten Künstler, der damit umgehen könnte. Christoph Schlingensief, mit dem ich mir ein paar Jahre den Kameramann teilte, pflegte Verrisse, von denen er zu Lebzeiten überhäuft wurde, jahrelang mit sich herumzutragen. Und manchmal sprach er tagelang über nichts anderes.

Christoph Schlingensief starb allerdings vor ein paar Jahren, und seither sind seine Kritiker:innen verstummt: über die Toten nur Gutes. Oder wie mir der Dramaturg meiner Inszenierung »Das Kongo Tribunal« sagte: »Wenn du im Kongo massakriert werden solltest, wird die Sache ein Erfolg.«

Heute fliege ich los. Dann drücken wir mal die Daumen!

20 DOLLAR FÜR EINEN VERRISS

Vor einiger Zeit sprach ich von einem »Tagebuch der Absurditäten«, das ich für einen Verlag verfassen soll: Berichte von meinen Reisen, Auszüge aus Proben-Gesprächen, transkribierte Streitereien mit Kritiker:innen und Erinnerungen an kleine Unfälle unterwegs. Eben alles, was die geneigten Leser:innen erheitern und erschrecken könnte.

Wenn ich im Kongo bin, füllt sich mein Notizbuch besonders schnell. Gestern verbrachte ich einen halben Tag im Kulturministerium der Provinz Südkivu, um mit der Ministerin an der Einladungskarte für mein »Kongo-Tribunal« zu arbeiten. Nachdem nämlich die Regierung erfahren hat, dass auch der populäre Oppositionspolitiker Vital Kamerhe vor mein Tribunal treten wird, liegt ihr viel an einer Schirmherrschaft: Die Wahlen rücken näher, da sind demokratische Gesten beliebt.

Bei einer spontan einberufenen Pressekonferenz umringte mich ein Dutzend junger Journalist:innen und stellte clevere Fragen. Mein aktivistisches Herz schlug höher: »Diese Generation«, dachte ich bei mir, »wird die Korruption hinwegfegen und die Fenster zur sozialen Gerechtigkeit aufstoßen.« Ihr begeistertes Nicken, die kleinen Lacher und Zwischenrufe brachten mich in Fahrt. Ich hackte auf der Politik der großen Minenfirmen herum und geißelte die Afrikapolitik der Weltbank. »Gemeinsam werden wir den Kapitalismus in die Schranken weisen«, rief ich. Am Ende brach spontaner Applaus aus. Dergleichen hatte ich noch nie erlebt.

Doch kaum war die Konferenz zu Ende, zog man mich in eine Ecke. Ich erfuhr, dass die Theater- und Filmkritik im Kongo nach einem festen Tarifsystem funktioniert. »Objektive Berichte«, wie sich der Presseattaché der Ministerin ausdrückte, sind besonders teuer. Auch ein Verriss hat seinen Preis: Unter 20 Dollar ist nicht viel zu machen. »Es könnte sein«, sagte ein Journalist, »dass ich sonst Ihren Namen nicht richtig schreiben werde.« Das ist mehr als verständlich: Die Monatslöhne für Journalist:innen im Kongo entsprechen in etwa einem Familienessen in einer Zürcher Pizzeria. Trotzdem kam ich mir plötzlich vor wie jene Touristen auf Kuba, die annehmen, sie seien den jungen Kubanerinnen rein menschlich sympathisch: die übliche Dummheit des weißen Mannes, der nicht akzeptieren will, dass auch er nur eine Position im globalen Tauschgeschäft ist – und eine besonders fette dazu.

Ich tat also das Einzige, was zu tun war: Ich hielt eine blumige Rede über die Unabhängigkeit der Presse. Und dann setzte ich mich mit meiner Produktionsleiterin zusammen, um zu überschlagen, was drin ist im Budget für eine »objektive« Berichterstattung.

WIEDERSEHEN MIT DEM ALTEN ICH

Dieser Tage geht »Althussers Hände« in den Druck, eine Auswahl aus meinen frühen Essays. In den vergangenen Tagen war ich deshalb damit beschäftigt, »kurz über die Fahnen zu gucken«, wie sich mein Verleger ausdrückte. Das fühlte sich ungefähr so an, als hätte man 1949 den französischen Truppen gesagt: »Schaut doch mal kurz in Deutschland nach dem Rechten.«

Während ich im Ostkongo die letzten Drehs für mein »Kongo Tribunal« abwickelte, las ich nachts oder tagsüber im Produktionsjeep künstlerische Manifeste und Traumerzählungen wieder, die ich zum größten Teil aus meinem Gedächtnis verdrängt hatte. Nicht, weil sie besonders peinlich gewesen wären, sondern einfach deshalb, weil sich meine Interessen seither etwas verschoben haben.

Dem Bedürfnis, gewisse Passagen umzuschreiben, widerstand ich. Alte Texte zu aktualisieren, ist genauso müßig, wie einen Taliban, der sich zwanzig Jahre in einem Dreckloch versteckt hat, zum lockeren Frauenversteher zu machen: Der Aufwand steht in keiner Relation zum Ertrag. Allein das Aufspüren aller Fehler, die das Lektorat übersehen hatte, erwies sich als kleine Odyssee. Zum Beispiel musste ich mit Schrecken erkennen, dass ich in NZZ-Artikeln Zitate von Aristoteles über Madonna bis Ludwig Wittgenstein erfunden hatte.

Wie dem auch sei: Das »narzisstische Bad im eigenen Text«, wie sich mein Freund Robert Misik ausdrückt, hatte etwas Erfrischendes (falls dieses Zitat wirklich von ihm stammt). Es gibt Schriftsteller:innen und Journalist:innen, die ihre Texte bis zu 20-mal überarbeiten, so süchtig macht die Wirkung des Korrektur-Selbstgesprächs. So kam es, dass ich nach den Drehs stundenlang in meinen alten Texten stöberte und ernsthaft darüber nachdachte, ob der ehemalige US-Verteidigungsminister Rumsfeld wirklich »die Verkörperung aller Ideale des Dadaismus« darstellte. Denn so hatte ich es in einer Kritik des Irak-Kriegs geschrieben.

Das Interessanteste am Wiederlesen alter Texte ist aber das Wiedersehen mit einer Version seiner selbst – mit einem zugleich fremd gewordenen und doch vertrauten Wesen. Aus Popkritiker:innen werden Moralphilosoph:innen, aus Moralphilosoph:innen Anlageberater:innen, aus Anlageberater:innen Fernsehmoderator:innen oder Regisseur:innen. Ich bin schlichtweg nicht mehr derselbe, der ich vor zehn Jahren war. In gewisser Hinsicht erfüllt mich das mit Melancholie: Wo ist dieser eifrige Besserwisser geblieben, der Arthouse-Filme bis ins letzte interpretierte und jeden ideologischen Schlenker obskurer französischer Philosophen erkennen wollte? Vielleicht bin ich in zehn Jahren Romanautor. Oder Rohstoffhändler. Oder Deutschlehrer in Kasachstan. Und werde auf meine Tages-Anzeiger-Kolumnen genauso zurückschauen wie heute auf die Texte in dem Band »Althussers Hände«.

BIN ICH KONSERVATIV?

Nach zwei Monaten Dreh fürs »Kongo Tribunal« bin ich aus Zentralafrika wieder zurück in Köln. Jede und jeder will sich sein Stückchen vom Kongo-Abenteuer abschneiden, und ich verweigere mich den Interviewanfragen nur, wenn es wirklich nicht anders geht.

Denn für meine Theater- und Filmprojekte bin ich auf die Geduld von manchmal bis zu hundert Gesprächspartner:innen angewiesen. Wie könnte ich da Nein sagen, wenn andere etwas wissen wollen? »Lebensgefährliches Theater-Tribunal im Dschungel« oder »Ist Rau jetzt völlig größenwahnsinnig geworden?«, lauten dann die Schlagzeilen. So wurde ich etwa vom ZDF gefragt, wie oft ich »in Gefechte verwickelt« gewesen sei und ob ich »mit einem Maschinengewehr umgehen« könne. Die Standardfrage lautet, wie ich »überhaupt noch schlafen« könne. Denn selbstverständlich müsse ich ja von all dem Elend und Tod im Kongo schwersttraumatisiert sein.

Tatsächlich hatte ich in den letzten beiden Nächten einen wiederkehrenden Albtraum. Er handelte nicht von Massakern, sondern von einem Buch, das ich gerade lese: »Alles, was ist« von James Salter, ein amerikanischer Männer-Roman. In dem Albtraum schnappt sich eine meiner Töchter das Buch und schleudert es in den Kachelofen (den es bei mir zu Hause nicht gibt).

Beide Male bin ich mit einem stummen »Nein!« auf den Lippen und schweißgebadet aufgewacht. Dass in meinen Träumen traditionelle amerikanische Romane und Kachelöfen vorkommen, ist für einen avantgardistischen Künstler bedenklich. Werde ich nun endgültig konservativ? Einer jener Spießer, die sich mehr für ihre Bibliothek als fürs Elend der Welt interessieren?

Diese Frage stellte mir auch ein Journalist aus Amsterdam. Der Anlass war nicht der Kongo, sondern mein Stück »The Civil Wars«, das seltsamerweise einen Preis als »eines der besten Stücke der Niederlande« erhalten hat (wo es nie gezeigt worden ist). Die Tatsache, dass darin berühmte Schauspieler in Abendkleidern auftreten, die über ihre häuslichen Probleme sprechen, sorgt in postmodernen Kritikerkreisen für viel Widerspruch. Ästhetisch korrekte Avantgardestücke sind bekanntlich mit Laien besetzt, die mindestens teilweise nackt oder rechtsradikal sind.

Um den Interviewer zu verwirren, behauptete ich, ich wolle bald eine Oper in historischen Kostümen inszenieren. »Eine Oper? Mit Kostümen?«, fragte er voller Abscheu, als würde es sich um ein amerikanisches Kriegsverbrechen handeln. Ich bat ihn also, das zweifellos zu erwartende Todesurteil der niederländischen Kritik schnell und schmerzlos zu vollziehen: mit professionellen und voll uniformierten Schützen, wie es im konservativen Kongo der Fall ist.

DER NACHRUF ZU LEBZEITEN

Letztens schlug ich die NZZ auf, um nachzuschauen, was sie wohl von meinem aktuellen Projekt »Das Kongo Tribunal« halten. Wie üblich ließ sich das Zürcher Weltblatt etwas mehr Zeit als die Konkurrenz (die Kritik erschien erst zwei Tage später), zu meinem Erstaunen war aber ein Essay von mir selbst im Feuilleton: ein Jubeltext zu Philippe Jaccottets 90. Geburtstag.

Jaccottet ist nur wenigen Deutschschweizer:innen ein Begriff: Es handelt sich meines Erachtens um den bedeutendsten Dichter der Romandie. Schon seit meinen Schülerjahren bin ich ein Fan seiner zugleich sehr düsteren und – wie es im typischen NZZ-Jargon in dem von mir verfassten Text heißt – »luziden« Gedichten gewesen.

Und auf einmal ging mir ein Licht auf: Während meines Studiums hatte mir die NZZ angeboten, für eine Reihe von französischen Dichter:innen und Philosoph:innen Nachrufe zu schreiben. Aus studentischer Geldnot nahm ich an, gleichzeitig reizte mich das prospektiv Leichenschänderische an der Sache. Gezahlt wurde sofort, bar auf die Hand, selbst wenn erst in zehn oder gar zwanzig Jahren gestorben wurde.

Während die anderen Geistesgrößen – allesamt französische Katholiken – seither grässliche Tode gestorben sind, lebt Jaccottet, ein typischer Welschschweizer Calvinist, unbeirrt weiter. Die NZZ hat in meinem Text einfach den letzten Satz umgeschrieben. Wo ich als junger Student »ist vergangenen ... gestorben« formuliert hatte, haben sie »feiert heute seinen 90. Geburtstag« eingefügt.

Ab und zu werfen mir Kritiker:innen vor, ich würde mit Toten Geld verdienen – habe ich doch zum Beispiel einen Film über die Erschießung des rumänischen Diktatorenehepaars Ceaușescu gedreht. Obwohl ich nicht weiß, ob es besser wäre, mit Lebenden Geld zu verdienen, so stimmt das immerhin im Fall meiner unrühmlichen Vergangenheit als Nachruf-Schreiber. Insgesamt hat mir der »Schnitter«, wie Jaccottet den Tod in einer seiner Elegien nennt, an die 5000 Franken eingebracht. Pro todgeweihter Geistesgröße zahlte mir die NZZ damals 500 Franken, etwa 10 Stück habe ich abgearbeitet.

Seither sind die Zeilenhonorare dramatisch gefallen, die Mieten in die Höhe geschnellt, und ich habe das Nachrufschreiben aufgegeben. Aber Jaccottet lebt noch, und wie ich hoffe, wird das auch noch lange der Fall sein. So bleibt mir nur, mit tiefster Verbeugung zu rufen: Alles Gute zum Geburtstag, Meister!

WILDSCHWEINE AM WALDRAND

Obwohl man den Aussagen von Leuten, deren Alter sich einstellig angeben lässt, kein Vertrauen schenken sollte, sei es hier mitgeteilt: Meine Töchter wollen Forscherinnen werden. Von unserem Ferienhäuschen bei Nizza aus unternehmen wir deshalb täglich Ausflüge, stopfen Gräser in Botanisiertrommeln, analysieren Spuren und beobachten abends kichernd Wildschweine am Waldrand. Also das, was wohl die meisten Eltern in ihren Ferien tun.

Das Ganze fing damit an, dass vor ein paar Wochen ein Bild von mir in der Zeitung erschien. Ich stehe darauf halb abgewandt in einer hohen Wiese und zeige auf einen Punkt jenseits des Bildausschnitts. »Was machst du da?«, wollte meine ältere Tochter wissen. »Forschen«, antwortete ich überrumpelt. »Was forschen?«, hakte die jüngere nach. Ich zeigte auf den Punkt neben dem Bild: »Hier steht eine Herde Wildpferde.« Meine ältere Tochter war fassungslos. »Und warum habt ihr nicht die fotografiert?« Genervt schüttelte ich den Kopf und rief: »Gute Frage! Sind eben alles Trottel, diese Fotografen!«

Seither wollen meine Töchter Forscherinnen werden: Was wäre schöner, als in fremde Länder zu fahren und Tiere zu beobachten? In Wahrheit befindet sich außerhalb des Bilds nicht eine Herde Wildpferde, sondern ein Massengrab für Kinder, einige von ihnen jünger als meine eigenen. Das Foto wurde während der Recherchen zum »Kongo Tribunal« aufgenommen, von denen ich hier mehrfach berichtet habe. Obwohl ich ab und zu davon erzähle, dass ich in Kriegsgebiete fahre: Wann ist der richtige Zeitpunkt, meinen Töchtern die Wahrheit über mein »Forschertum« zu sagen?

Ich erinnere mich gut an den Moment fassungslosen Entsetzens, als der Geschichtslehrer uns damals 13-Jährigen einen Film über Auschwitz zeigte: Niemand hatte uns auf die Leichenberge vorbereitet – wann auch? Einer meiner Schauspieler aus »Hate Radio« hat als Einziger seiner Familie den ruandischen Völkermord überlebt. Bis heute weiß er nicht, wie er seinem kleinen Sohn erklären soll, warum dieser keine Großeltern hat.

So kommt es, dass ich in der blendend schönen Landschaft bei Nizza sitze und darüber nachdenke, wie man über die Dinge reden soll, die hinter dieser Schönheit liegen. »Have nice holidays in Nice«, schrieb mir mein ruandischer Freund gerade per Mail. Denn auf der Biennale in Venedig werden wir übernächste Woche wieder »Hate Radio«, unser Stück über den Völkermord, spielen: auf Französisch, einer Sprache, die meine Kinder zum Glück nicht verstehen.

DAS SPEER-FEELING

Das Erfreuliche für einen fatalistischen Menschen ist es, dass im Endeffekt alles vor die Hunde geht. So ist der Pessimist der wahre Optimist, denn er empfindet desto mehr Befriedigung, je übler eine Sache ausgeht. Der Nazi-Architekt Albert Speer war ein solcher Mensch. Er baute die Prunkbauten für Hitler gemäß der Logik der »Trümmerarchitektur« – sodass sie auch in Trümmern noch gut aussehen sollten. Dass früher oder später alles kaputt geht, daran zweifelte der manisch-depressive Speer keine Sekunde. Zu Recht.

Es ist grundsätzlich so: Wer sich als Diktator aufspielt, und wenn auch nur im Theater, hat immer einen Speer im Team. Kindischer Größenwahn und weise Voraussicht gehören nun mal zusammen. Meine zwei Produktionsleiterinnen etwa empfinden, so scheint mir manchmal, eine stille Genugtuung, ja Freude, wenn eines meiner Projekte schiefgeht. Als vor zwei Monaten die UNO plötzlich aus meinem »Kongo Tribunal« ausstieg, fehlte uns abrupt die halbe Technik. Zum Beispiel der riesige Generator: Es gibt in Zentralafrika genau einen davon, und die Blauhelme wollten ihn auf einmal nicht mehr rausrücken.

Meine Produktionsleiterinnen mussten also aus fast 500 Kilometern Entfernung einen anderen herbeischaffen. Das war für sie zweifellos die Hölle, doch seltsamerweise habe ich sie nie besser gelaunt gesehen. »War ja eh klar«, schienen ihre völlig gelösten Mienen zu sagen, als der neue Generator mitten in der Hauptprobe ausfiel.

So ähnlich muss sich Speer gefühlt haben, als die englischen Bomber Berlin vernichteten. Sicher hat es ihn fertiggemacht, dass seine faschistischen Protzbauten zu Schrott wurden. Aber andererseits fand er es bekanntermaßen auch geil.

Ich will dieses Gefühl, das wohl jeder kennt, das Speer-Feeling nennen. Ich persönlich war nie Architekt bei Hitler, aber in den frühen 90ern spielte ich Handball im Ostschweizer Traditionsclub St. Otmar. Gern erinnere ich mich an jene Momente ozeanischer Gelöstheit, wenn sich abzeichnete, dass mein Team nicht nur verlieren, sondern in den Boden gestampft würde. Ähnlich wie die Deutschen in den letzten Kriegsmonaten taten wir nur noch so, als wehrten wir uns. Tatsächlich genossen wir den Untergang. Jeder Ballverlust versetzte uns in Ekstase, jedes Gegentor steigerte unsere Lust: Es war handballerische Trümmerarchitektur vom Feinsten!

Wenn also der Ikea-Schrank wackliger wird, je länger Sie an ihm herumbasteln, bis er schließlich in sich zusammenbricht, oder wenn Sie in der Migros an der Kasse stehen, und jeder Wechsel der Warteschlange Sie weiter zurückwirft, bis die Filiale schließt: Genießen Sie das ewig menschliche Drama der Erniedrigung und des Scheiterns! Näher können Sie dem Speer-Feeling in Friedenszeiten nicht kommen!

MEISTERKURS IN VENEDIG

Die erste Augusthälfte 2015 habe ich in Venedig bei der Kunst- und Theaterbiennale verbracht. Neben den üblichen Gastspielen und Publikumsgesprächen sollte ich einen »Meisterkurs« für junge Regisseur:innen und Schauspieler:innen geben. Wie mir der Leiter der Biennale erklärte, bestehen diese »traditionellerweise darin, dass die Teilnehmer:innen den Meister bzw. die Meisterin treffen und von seinem oder ihrem Wissen profitieren«. Am Ende dürfen sie ihm bei der Umsetzung einer Mini-Regiearbeit assistieren, die einem zahlenden Publikum präsentiert wird.

Nun habe ich es in den letzten fünfzehn Jahren trotz intensivster Anstrengungen in keinem Bereich der Künste zur Meisterschaft gebracht. Seit ich als Autor und Regisseur aktiv bin, ist es so: Eines Morgens wache ich mit einer Idee auf, die ich dann irgendwie umzusetzen versuche. Dieses etwas vage Konzept machte die Biennale nervös. Denn die sechs anderen »Meister:innen«, die aus der ganzen Welt angereist waren, hatten für ihren Kurs ausgetüftelte Requisiten- und Techniklisten angelegt. Einer hatte sogar vier Monate im Vorfeld eine Zigarettenpackung geordert, weil in seiner Schlusspräsentation geraucht werden sollte.

Ich bestellte also im letzten Moment einen riesigen Beamer und vier Kameras, was mein Budget vernichtete. Am ersten Morgen hielt ich einen Vortrag, in dem ich den Kursteilnehmer:innen die drei wichtigsten künstlerischen Tugenden einpaukte, wenn es dessen überhaupt bedurfte: Neugier, Genauigkeit und Radikalität. Als Thema setzte ich den seltsamen Umstand, dass in meinen Kurs kein:e einzige:r schwarze:r Künstler:in eingeladen worden war, obwohl sich die Biennale insgesamt »Afrika« widmete. Und dann ließ ich sie mit Kameras auf Venedig los.

Eine Gruppe baute eine Brücke, über die sie senegalesische Straßenhändler gratis in die Pavillons schleuste. Eine andere sammelte Unterschriften für eine repräsentative Diktatur der Tourist:innen in Venedig, da sie als »ideale Migrant:innen« mehr als zehnmal so zahlreich seien wie die Venezianer:innen. Eine dritte verfolgte den Biennale-Leiter bis ins Bett, um ihn zu fragen, warum sie 1000 Euro zahlen mussten für einen Meisterkurs, dessen Resultate die Biennale dann ans Publikum weiterverkaufte. Und die letzte erfand einen fiktiven afrikanischen Künstler, der gefälschte Vuitton-Taschen signierte und vor laufender Kamera an vor Begeisterung weinende Kurator:innen verhökerte.

Die Biennale-Bürokraten ihrerseits schickten mir rechtliche Belehrungen, während sie mir auf den abendlichen Gelagen versicherten, dass sie persönlich alles ganz toll fanden. Der Höhepunkt war die Schlusspräsentation: Ich hatte für die Kritik der entstandenen Kurz-Dokus den Ghanaer Mr. Guissan eingeladen, einen illegalen Großhändler von Selfie-Sticks und Sonnenbrillen. Der Platz reicht hier nicht, um seine vollendet weisen Bemerkungen zum Kunstmarkt zusammenzufassen. Nur so viel sei gesagt: Es kam doch noch zu jenem Moment der Meisterschaft, auf den die Biennale so sehr gehofft hatte!

META-SKLAVEREI

Aki Kaurismäki, der finnische Regisseur, wurde einmal gefragt, warum er Filme mache. Er antwortete: »Weil ich sonst überhaupt nichts täte.« Mit anderen Worten: Warteten im Studio nicht Kameramänner und -frauen, Techniker:innen und Darsteller:innen darauf, dass Kaurismäki Anweisungen gibt, säße er bloß übellaunig herum und tränke. Oder nicht einmal das.

Man muss jedenfalls kein finnischer Alkoholiker sein, um dies nachvollziehen zu können. Das Anstrengendste im Leben der Regieführenden sind die Phasen zwischen den Projekten. Das sind jene kurzen Wochen, in denen man der Projektsklaverei entkommen ist und sich entspannen könnte. Tatsächlich gerät man in eine depressionsähnliche Unterspannung.

Die vergangenen Wochen waren so eine Zeit für mich. Mit halber Leidenschaft saß ich an Förderanträgen, organisierte mehr oder weniger sinnlose Castings und schnitt meinen Kongo-Film. Das Deprimierende war, dass diese Auszeit im Auge des Orkans stattfand. Mehr oder weniger alle meine Facebook-Freund:innen schienen derweil in Auffanglagern zu arbeiten oder waren als ehrenamtliche Schlepper:innen an der österreichisch-ungarischen Grenze oder in Calais tätig. Nur ich nicht – so kam es mir zumindest vor.

Wie unter Intellektuellen üblich, versuchte ich meine Tatenlosigkeit mit Gesellschaftskritik zu lindern. War die Mitleidsekstase, die das gleiche Europa ergriff, welches gerade noch Griechenland erniedrigt hatte, nicht völlig hohl? Warum diese Überhöhung von normaler Nächstenliebe zum rebellischen humanitären Akt? Handelte es sich bei all den sorgfältig geposteten Aktionen nicht um sklavisch exekutierten, letztlich selbstsüchtigen Zeitgeist? Es ist mir peinlich, es zuzugeben: Ich war drauf und dran, die Karte des kühlen Kolumnisten zu spielen, der sich humanitären Aktivismus nur als besonders sublimierte Form von Narzissmus vorstellen kann.

Bevor es so weit kam, sprach ich mit einem kongolesischen Intellektuellen, der vor ein paar Jahren nach Europa geflohen war. Er hörte sich mein müdes Gutmenschen-Bashing an und sagte dann: »Jetzt mal ehrlich, mon cher: Wenn diese Typen Zeitgeist-Sklaven sind, dann bist du selbst ein Meta-Zeitgeist-Sklave.« Womit er absolut recht hat: Entweder man hat ein Projekt, für das man sich einsetzt – oder man guckt auf der Metaebene zu und krittelt daran herum. Das sind, wurde mir plötzlich mit Erschaudern bewusst, die beiden Möglichkeiten des modernen europäischen Intellektuellen: Zeitgeist-Sklaverei oder Meta-Zeitgeist-Sklaverei.

Als Ausweg bleibt immer noch die finnische Methode: der Alkoholismus. Zu meinem Glück beginnen morgen in Berlin die Proben zum nächsten Stück.

ALLTAGSSOZIOLOGIE

Wer gerade das jeweils neueste Buch von Jonathan Franzen liest, der sieht plötzlich überall nur noch Franzen-Interviews. Wer überfallen worden ist, der vermutet auch im Postboten einen Trickdieb. Und wenn einer wie ich ab und zu eine Kolumne schreibt, dann hat er ein gesteigertes Interesse an den Kolumnen anderer.

In der Geschichte des Kolumnenschreibens gibt es zwei Traditionslinien: die irren Prediger:innen und die Soziolog:innen des Alltags. Bedauerlicherweise sind die Prediger:innen ein wenig aus der Mode gekommen. Das Fieseste, was in dieser Richtung aktuell im Angebot ist, sind die eher wehleidigen Beiträge in Parteizeitungen wie der Weltwoche. Im Vergleich zu den knallharten Hasspredigten, wie sie jede:r Kolumnist:in in den goldenen Zeiten der Feindschaft draufhatte, sind sie leider nicht der Rede wert. Nur Politikstudierende im ersten Semester würden Roger Köppel ernsthaft mit Goebbels vergleichen.

Ganz anders hingegen jene Kolumnist:innen, die ich Soziolog:innen des Alltags nenne. Was haben wir dank Leuten wie Güzin Kar oder Harald Martenstein nicht alles über das Verhältnis zwischen Mann, Frau und ihrem renitenten Nachwuchs gelernt? Oder über die Untiefen des mittelständischen Berufs- und Sexlebens? Zukünftige Anthropolog:innen werden anhand ihrer Kolumnen die geheime Geschichte unseres Zeitalters rekonstruieren, davon bin ich überzeugt.

Doch wie bei allem, so gibt es auch in der Sparte »Soziologie des Alltags« Dinge, die einfach nur nerven. Ich meine die Unterabteilung »moderne Märchen«. Klar: Nur Idioten glauben tatsächlich, dass in jeder Bananenkiste Mörderspinnen sitzen und sich 99,9 Prozent aller Minderjährigen pausenlos Internetpornos reinziehen. Muss dennoch deshalb alles, was gerade eben als gesichertes Wissen galt, früher oder später von einem Kolumnisten als »modernes Märchen« entlarvt werden?

Gestern zum Beispiel musste ich lesend erfahren, dass Kaffee nicht etwa »entwässert«, wie mir meine Mutter meine ganze Kindheit hindurch erzählt hatte, sondern ganz im Gegenteil fast genauso wie Wasser wirkt. Früchte seien »eher ungesund« und Industriemilch, der traditionelle Todestrunk aller Ernährungsberater, sei »verträglich für jeden«. »Alles moderne Märchen«, triumphierte der Kolumnist. In einem einzigen Absatz waren drei meiner zentralen Essgewissheiten geschrottet worden.

Insofern hier mein Aufruf an Sie alle, verehrte Kolumnist:innen: Lassen Sie mich teilhaben an Ihren Erwägungen zur europäischen Flüchtlingspolitik, zum Analsex und zur Kindererziehung. Veröffentlichen Sie, was immer Ihnen durch den Kopf geht. Lassen Sie aber, bitte, die Finger vom Essen!

2016

MIT GOLDFOLIE AUF LESBOS

Kürzlich veröffentlichte ich im Tages-Anzeiger einen Essay unter dem Titel »Ich bin auch nur ein Arschloch«. Ich vertrat darin die These, dass humanitärer Aktivismus in Westeuropa zu einer Art Konsumgut verkommen ist und jeder reale politische Wandel in symbolischen Ersatzhandlungen verpufft. Um meine Argumentation zu illustrieren, ließ ich in dem Text einen Über-Hipster auftreten, der im Minutentakt Change.org-Petitionen unterschreibt, im bequemen TGV-Bordbistro die Migrationspolitik der EU kritisiert und zwischen zwei Design-Jobs Genozidüberlebende adoptiert.

Ich bekam einige zustimmende und sehr viel ablehnende Mails. »Nein, ich bin kein Arschloch!«, hieß es oft, eine besonders aufgebrachte Leserin fügte hinzu: »Aber ich denke, Sie sind eines.« Womit Sie absolut recht hat: Für die bösartige Karikatur des Gutmenschen stand selbstverständlich niemand anders Pate als ich selbst. Die von mir unterzeichneten Change.org-Petitionen gehen in die Hunderte. Allein 2015 habe ich in einem guten Dutzend Essays die EU-Grenzpolitik kritisiert, was zu keinem anderen Resultat als ihrer Verschärfung geführt hat. Und: Ich bin Patenonkel eines ruandischen Genozidüberlebenden, was konkret nichts anderes bedeutet, als dass monatlich ein (geringer) Geldbetrag von meinem Konto abgebucht wird.

»Wissen Sie was? Ihr ganzes Weltrettungs-Pathos ist auch nur Teil des Geschäfts«, schrieb mir einer meiner Kritiker. Von außen betrachtet, so schwante mir bei der Lektüre all der Mails, wirke ich wohl wie Ai Weiwei, der letztens zwischen zwei Ausstellungseröffnungen noch schnell auf Lesbos mit einer goldenen Rettungsdecke Selfies gemacht hat.

Ich muss meinen Kritiker:innen folglich recht geben: Man kann noch so lange darüber diskutieren, ob die Unterzeichnung einer Change.org-Kampagne ein tatsächlicher oder nur symbolischer Beitrag zur Verbesserung der Welt ist. Besser als Popcorn-Essen im Multiplex-Kino und Kolumnenschreiben ist es allemal. Entweder man tut etwas oder man tut nichts: Was genau, ist zunächst zweitrangig. Aber, das ist der springende Punkt: nur zunächst. Denn auf das Selfie auf Lesbos oder das publizistische Mea culpa muss das reale Engagement folgen. Eines, das nicht nur Shitstorms und Instagram-Bildchen produziert. Eines, das nicht in der narzisstischen Poesie der Geste versickert, sondern in der umfassenden Solidarität mit dem syrischen Flüchtling oder dem Minenarbeiter aus dem Ostkongo.

Aber ich gerate schon wieder in Fahrt – verzeihen Sie mir! Ich bedanke mich bei allen, die sich in den letzten Tagen mit meinen Gedanken auseinandergesetzt haben, winke mit der Goldfolie und wünsche ein glückliches und solidarisches 2016!

MEHR ALS EINE BÖSE ERINNERUNG?

Wer weiß schon, was sich die Erinnerung erfindet, um an der Welt nicht zu verzweifeln? Und was tatsächlich geschehen ist? Das frage ich mich immer wieder, wenn ich mich auf ein Theaterstück oder einen Film vorbereite. Wohin mich die Proben oder Dreharbeiten auch am Ende führen mögen, ich beginne doch immer mit dem einfachsten – mit Gesprächen. Wer wüsste besser, was geschehen ist, als die, die dabei waren?

Aktuell bereite ich mich auf ein Stück über den belgischen Kindermörder Marc Dutroux vor. In den letzten Wochen habe ich deshalb mit Menschen gesprochen, die vielleicht das Schlimmste erlebt haben, das man auf diesem Planeten erleben kann: den Verlust ihres Kindes. Wobei Verlust im Fall Dutroux ein zu kleines Wort ist. Es ist unfassbar schrecklich, sein Kind bei einem Badeunfall oder durch eine Krankheit zu verlieren. Was aber, wenn es entführt, über Monate eingesperrt, gequält und am Ende ermordet wird?

So ist es der Tochter von Jean Lambrecks geschehen, den ich gestern in Hasselt traf. Hasselt ist, wie die meisten Kleinstädte im Dreieck Köln-Brüssel-Amsterdam, ein ziemlich deprimierender Ort. Einkaufszentren und Verwaltungsgebäude erdrücken die wenigen übriggebliebenen Häuser aus dem Mittelalter. Unter einem grauen Himmel stoßen Kleinfamilien Kinderwägen durch die Fußgängerzone.

Wie jede Kindesentführung ist auch die von Lambrecks' Tochter von tausend traumatisierenden »Wenns« begleitet. Wenn sie doch einen Zug früher nach Hause genommen hätte. Wenn Dutroux an jenem Abend nicht vorbeigefahren wäre. Wenn die Polizei nur etwas schneller und effektiver reagiert hätte. Ein Zufall wollte es, dass das Mädchen am Tag ihres Verschwindens an einer Hypnose-Show teilnahm. Auf einem unheimlichen Video – gleichzeitig der letzten Aufnahme von Lambrecks' Tochter – sieht man, wie sie völlig entrückt über die Sommerbühne eines Seebads an der Ostsee geht.

»Ich brachte es nicht fertig, Dutroux im Gericht anzusehen«, erzählt mir Lambrecks. Anders als die Väter anderer Opfer hegt er keine Rachegefühle, da ist nur Trauer: »Zum Glück gab es nie eine direkte Gegenüberstellung.« Während ich das aus der Erinnerung aufschreibe, bin ich unterwegs nach Gent, der neben Brügge vielleicht prachtvollsten Stadt des Landes. Hier werde ich mit Kindern und Jugendlichen ein Stück erarbeiten zu Dutroux, diesem vielleicht berühmtesten Belgier aller Zeiten.

Was wie ein Skandal anmuten mag, ist in Belgien nichts Außerordentliches. Jeder hat, fragt man ihn, seine eigene Erinnerung an den Fall, seine eigene Theorie. Schon Vorschulkinder kennen diese Geschichte aus menschlicher Grausamkeit und staatlichem Versagen. Was will aber sie uns erzählen? Was ist die Grausamkeit und der Schmerz, den sie verursacht, mehr als eine böse Erinnerung? Ich weiß es noch nicht.

WAS BRINGT KUNST?

Als Künstler, der in Krisenregionen arbeitet, werde ich oft gefragt: »Wie geht es weiter, wenn ihr wieder weg seid?« Darauf antworte ich jeweils: Ich weiß es nicht. Denn Kunst ist keine pragmatische, sie ist eine symbolische Handlung. Was wir zum Beispiel vergangenen Sommer im Rahmen des »Kongo Tribunals« gemacht haben – drei Fälle von Massenverbrechen im kongolesischen Bürgerkriegsgebiet öffentlich zu verhandeln – war kein Prozess in dem Sinn, dass es eine Straffolge gegeben hätte. Es war zugleich mehr und weniger: Es war der lebendige Beweis der Möglichkeit eines solchen Tribunals.

So verhielt es sich auch vor drei Jahren, als wir im Theater Neumarkt im Rahmen der »Zürcher Prozesse« die Weltwoche gemäß einschlägiger Artikel der Schweizer Verfassung anklagten: Die Weltwoche wurde bisher meines Wissens nicht abgeschafft. Nicht einmal unsere eigene Jury verurteilte Köppel und seine Zeitung, sie wurden mit sechs zu einer seiner Stimme freigesprochen. Am Ende der Verhandlungen gratulierte mir Köppels Verteidiger Claudio Zanetti, der im März 2016 wegen der Weiterleitung eines Nazi-Tweets in die Medien geriet, auf offener Bühne.

Um ehrlich zu sein: Auch das Ergebnis des »Kongo-Tribunals« ist für mich mehr als gemischt. Zwei meiner Experten wurden seit dem Ende der Verhandlungen von regierungsnahen Milizen entführt, und die Etablierung des Tribunals wird sowohl im Kongo wie auf internationaler Ebene blockiert. Ob die kongolesischen Präsidentschaftswahlen im Herbst 2017 überhaupt stattfinden werden, steht in den Sternen – und damit die Antwort auf die Frage, ob der von uns unterstützte Kandidat der Opposition die Politik des Landes wird ändern können. Auch hier: alles beim Alten, jedenfalls vorläufig.

Aber wie mir einmal der Historiker Jakob Tanner anlässlich einer Diskussion über die rumänische Revolution sagte: Auch wenn die kommunistischen Apparatschiks heute als Wirtschaftseliten noch immer an der Macht sind – den Menschen, die 1989 die Revolution gemacht haben, sind die Tage des Aufstands wie ein Glutkern in die Seele gelegt. Die Herrlichkeit der Kunst besteht in ihrem Wissen um ihr Scheitern, um die Grenzen der Freiheit. Damit gibt sie der Verzweiflung, doch ebenso dem rebellischen »Trotzdem« Raum: dass man in den Kongo fährt und dort jahrelang an einem Tribunal arbeitet, auch wenn am Ende nur drei von 1000 Fällen verhandelt werden.

Zurzeit bereite ich eine Inszenierung von Gorkis »Sommergästen« vor. Er schrieb das Stück 1904, ein Jahr vor der ersten russischen Revolution, die auf tragische Weise scheitern sollte. »Die Fenster des Himmels stehen weit offen«, heißt es in einem religiösen Lied. Kunst kann diese Fenster einen Spalt weit öffnen. Und auch wenn sie gleich wieder zugeschlagen werden: Man hat den Himmel kurz gesehen.

ICH SCHEISSE AUF DAS NEUE EUROPA

»Ich scheiße auf das neue Europa«, sagt Sudbin Music, der Vertreter der Genozidüberlebenden der bosnischen Stadt Prijedor in meinem Stück »The Dark Ages«. Im Prolog berichtet er, wie Ende 2013 die Grube entdeckt wird, in der sein komplettes Dorf begraben liegt. Ermordet worden sind sie 1991 von serbischen Tschetniks unter dem Oberbefehl des damaligen Führers der bosnischen Serben, Radovan Karadžić. Später im Stück erzählt Music, wie er als Zeuge in Den Haag am Prozess gegen Karadžić teilnimmt. Dieser erscheint nicht einmal vor Gericht.

Vor drei Tagen ist Karadžić, verantwortlich für die Ermordung von geschätzt 100 000 Frauen, Männern und Kindern, in Den Haag zu 40 Jahren Gefängnis verurteilt worden. Das Urteil ist für die Hinterbliebenen ein Schlag ins Gesicht. Denn auch wenn das Urteil für den 70-jährigen Karadžić real »lebenslänglich« bedeutet, so steht es doch symbolisch für »nur teilweise schuldig«. Der organisierte Massenmord an der Zivilbevölkerung von Prijedor wurde bei der Urteilsbegründung nicht einmal als Genozid eingestuft. Es habe – anders als in Srebrenica – kein Plan bestanden, »alle« männlichen Angehörigen der muslimischen Bevölkerung zu ermorden.

Selbstverständlich wäre auch »lebenslänglich« keine angemessene Strafe für Karadžić gewesen. Was wirklich beunruhigt an dem Urteil, ist jedoch seine politische Aussage: Wenn dem – neben Slobodan Milošević – höchsten Führer des serbischen Angriffskriegs gegen Bosnien kein verbrecherischer »Plan« nachgewiesen werden kann, wird jede Form von Rechtsprechung hinfällig. Anders ausgedrückt: Es gibt Momente, in denen juristische Spitzfindigkeit zum realpolitischen Problem wird. Aus Angst, eine Siegerjustiz zu vertreten, wird genau eine solche etabliert.

Nach dem Ende des Bosnienkriegs wurde der ehemalige jugoslawische Bundesstaat unter Bosnier:innen und Serb:innen aufgeteilt, Prijedor gehört heute zur »Republika Srpska«. Vor dem Lager, in dem der damals siebzehnjährige Music gefoltert wurde, steht ein serbisches Kriegerdenkmal. Die Verweigerung des Begriffs »Genozid« verleiht der Lüge vom zwischen feindlichen Soldaten geführten Bürgerkrieg europäische Weihen. Ebenso gut könnte man eine Erinnerungstafel für Aufseher vor den Resten eines Gulags errichten.

Jean-Louis Gilissen, der leitende Richter meines »Kongo-Tribunals«, ist einer der Schöpfer des Internationalen Gerichtshofs. Den Haag, so erklärte er mir, ist konzipiert als symbolisches Gericht: Verhandelt wird ausschließlich gegen Massenverbrecher, deren Schuld prinzipiell feststeht. Es geht darum, Verbrechen zu benennen und festzuhalten für die Nachgeborenen. Warum die Den Haager Richter im Fall Karadžić Millionen Opfer symbolisch allein gelassen haben, ist unverständlich. Außer man denkt an die laufenden EU-Beitrittsverhandlungen Serbiens.

WIE EIN TRAINER IN DER PROVINZ

Im Laufe der letzten fünfzehn Jahre habe ich für meine Stücke, Filme und Aktionen mit allen möglichen Leuten gearbeitet: mit Schauspieler:innen und Politiker:innen, mit Verbrecher:innen und Strafverteidiger:innen, mit Prolet:innen, Weltbankfunktionär:innen, Nazis und Linksextremist:innen und – aus einer sinistren Vorliebe für Uniformen heraus – immer wieder mit Priester:innen und Soldat:innen. Die Regisseur:innen und Autor:innen, die ausschließlich in ihren Proberäumen und Schreibstuben sitzen, habe ich nie verstanden. Woher nehmen sie ihre Leidenschaft, ihr Wissen?

Schon in meinem ersten Film, einer vom Publikum verschmähten Adaption eines Thomas-Pynchon-Romans namens »Paranoia Express«, traten über 30 Charaktere und ich selbst als »Medienmogul« auf. In »Hate Radio«, einem Stück über eine ruandische Radiostation, hatte ich eine Weile lang einen Hund auf der Bühne, der sich allerdings nach einer Reihe schrecklicher Proben als zu unbegabt erwies. Pferde habe ich gecastet, Weltwoche-Journalist:innen, Katzen, Salafisten, irre Diven und orthodoxe Aktivist:innen. Und als Krönung arbeite ich seit einigen Wochen mit flämischen Kindern.

Klar: Salafisten und Diven sorgen für schlaflose Nächte. Wenn man allerdings mit Erwachsenen einmal was ausprobiert hat, kann man es immer wieder machen. Mit Kindern zu arbeiten, ist dagegen grundsätzlich anders. Theatrale Poesie, Einfühlung, absolute Konzentration und die politischen Provokationen, mit denen ich meine

Mitarbeiter:innen üblicherweise quäle: Das alles ist den Kindern einerlei. Der Sinn von Proben entzieht sich ihnen völlig. Was sie einmal ausprobiert haben, das ist abgehakt. Warum es noch zigmal wiederholen?

Nach einem Tag mit meinen 10-jährigen Schauspieler:innen bin ich deshalb völlig fertig und denke mir: So muss sich der Trainer eines Provinzvereins fühlen. Man entwickelt herrliche Konzepte, erklärt zwanzigmal in Folge alle Spielzüge – dann rennen doch wieder alle nur dem Ball hinterher. Mein Respekt vor Primar- und Musiklehrer:innen ist gewaltig gestiegen in den letzten Monaten. Bis anhin hielt ich sie für Luxuswesen, die an den paar verstreuten Tagen, an denen nicht Schulferien sind, Kopfnoten verteilen und sich als Besserwisser:innen aufspielen. Nun sehe ich sie als moderne Jesusgestalten, gemartert von ihren Schützlingen.

Das Skurrilste dabei ist: Wir Erziehende sind völlig allein mit unseren Problemen. Jeder, dem man erzählt, dass man »mit Kindern arbeitet«, setzt automatisch ein freundliches Grinsen auf, in dem sich Mitleid und Neid mischen, gemäß der bekannten Devise, dass es »nichts Schöneres« gibt – und damit auch nichts Unerheblicheres. Aber ich will hier nicht in die alte Lehrer:innenkrankheit verfallen: das Lamentieren. Denn die Premiere ist bereits in drei Wochen. Ich werde die Kinder ein letztes Mal in die Arme schließen und ein paar Bier trinken. Bald schon werde ich entspannt wieder zu meinen Massenmörder:innen, Islamist:innen und Diven zurückkehren.

SKANDAL, SKANDAL!

Ich berichtete bereits darüber: Gerade stecke ich in Belgien in den Endproben zum neuen Stück »Five Easy Pieces«, gespielt von Kindern zwischen acht und dreizehn Jahren. Es handelt von den Verbrechen des Kindermörders Marc Dutroux, der vor genau 20 Jahren die belgische Gesellschaft derart erschütterte, dass sie beinah daran zerbrochen wäre. Die Affäre um Dutroux und seine Frau Michelle Martin war so etwas wie der Kopp-Skandal Belgiens: Von einer völlig korrupten politischen Klasse über ein verrohtes Bürgertum bis hin zu einem unfähigen Polizeiapparat kristallisiert sich in dem Fall alles, was in einem europäischen Land schieflaufen kann.

Wie nicht anders zu erwarten, ist seit der Presseerklärung in Belgien und einigen angrenzenden Ländern eine Debatte über mein Stück ausgebrochen. In ihr geht es nur um eines: Einen pädophilen Mörder auf die Bühne bringen, darf man das? Wie bei allen Kontroversen, die durch meine Arbeit ausgelöst wurden, regten sich die Unbeteiligten am meisten auf. Vor einigen Tagen nahm ich in Brüssel an einer Call-in-Talkshow teil. Die Anrufer:innen waren derart aufgebracht, dass sie die schlichte Tatsache, dass mehrere der Familien von Dutroux' Opfern an dem Stück mitarbeiten, einfach nicht hören wollten: Ihr Argument der Leichenschändung wäre damit ja auch hinfällig geworden.

Obwohl es im Theater ein ehernes Gesetz gibt – urteile niemals vor der Premiere! – sind diese Auseinandersetzungen dennoch interessant: Wie hätte ich sonst zum Beispiel im Lauf eines einzigen Tages Journalisten von der Bild und von ihren beiden noch trashigeren Pendants in Frankreich und Belgien kennengelernt, die allesamt ins belgische Städtchen Gent zu den Proben angereist kamen? Wie auf geheime Verabredung hatten sie sich so gestylt, wie man es von einem Boulevardjournalisten erwarten darf: die Haare zum Rossschwanz zusammengebunden, dazu übertriebene Anzüge, quasi direkt einer Zuhälterbar aus einem Kusturica-Film entsprungen.

Das Befriedigende an Skandalen ist, dass alles bestätigt wird, was man bereits wusste. Es ist ja nicht so, dass sich die Vorurteile nach der Wirklichkeit richten: Es ist die Wirklichkeit, die sich elegant an die Klischees anzuschmiegen hat. Völlig egal, wie die Dinge wirklich liegen, in einem Skandal wird alles zur Eindeutigkeit gebracht: Boulevardjournalist:innen sehen aus wie Boulevardjournalist:innen, schreiben Boulevardtexte und – das hat mich stets am meisten überrascht bei der Bild – recherchieren wirklich sehr lange und genau dafür. Und so kommt es, dass Skandalregisseur:innen Skandalstücke inszenieren und sich anschließend in Talkshows oder Kolumnen wie dieser über den Skandal beklagen.

RHETORIK DER RETOURKUTSCHE

Das Schöne an der modernen Welt ist, dass sie interaktiv ist. Was auch immer man tut, sagt oder schreibt – augenblicklich erfolgt die Retourkutsche per Kommentarfunktion. Im Folgenden eine kleine Rhetorik derselben.

Die unterste und damit quasi Nullstufe der Retourkutsche ist die »Blame the Same«-Strategie. Als ich mich an dieser Stelle der Zersiedlung des Mittellands widmete, machten zahlreiche Leser:innen von ihr Gebrauch. »Stimmt schon, das Mittelland ist völlig verbaut«, hieß es in einem Kommentar. »Aber fahren Sie einmal durchs Ruhrgebiet, dort sieht es genauso beschissen aus.« Einer wies mich auf ein gewisses »Norilsk« in Sibirien hin, das noch deprimierender sei als Aarau.

Das erinnerte mich an den Rebellenführer, der letzten Sommer vor meinem »Kongo-Tribunal« aussagte. Auf die Frage des Untersuchungsrichters nach den rücksichtslosen Vergewaltigungsorgien seiner Miliz antwortete er: »Die Regierungsarmee vergewaltigt auch.« Das Publikum lachte. Ein gelungener Gebrauch der »Blame the Same«-Strategie, so unangebracht sie aus moralischen Gründen sein mag, bringt die Sympathien augenblicklich auf ihre Seite.

Schon etwas komplizierter ist jene Form der Retourkutsche, die ich »Weiser Indianer« nennen will. Es handelt sich um eine ebenfalls recht simple rhetorische Finte, die allerdings, wird sie mit milder, fragender Stimme vorgebracht, ihre Wirkung niemals verfehlt. Die

Schauspielerin Maia Morgenstern, mit der ich gerade probe, spielte vor ein paar Jahren in Mel Gibsons fundamentalistischem Machwerk »Passion Christi« die Heilige Maria. Da Maia die vermutlich berühmteste jüdische Schauspielerin Europas ist, Gibson aber als Antisemit gilt, geriet sie augenblicklich ins Sperrfeuer der Kritik. «Denken Sie, Jesus war Gottes Sohn?», wollte ein israelischer Journalist von ihr wissen. Maia antwortete: «Mein Lieber, sind wir nicht alle Kinder Gottes?»

Die dritte und höchste Stufe der Retourkutsche ist der gefürchtete »Dreher«. Ebenfalls sehr einfacher Natur, steigert er die Wirkung des »Weisen Indianers« noch und gilt in Hollywood-Filmen als Inbegriff der Lebensklugheit. Perfekt hat den »Dreher« der norwegische Massenmörder Breivik verwendet. Auf die Frage eines Journalisten, ob er sich vor dem Gefängnis fürchten würde, antwortete er: »Ist nicht ganz Europa ein Gefängnis? Und ist deshalb nicht die demokratische Freiheit die eigentliche Gefangenschaft?«

Nun mag das den Lesenden alles ein wenig monoton, fast kindisch erscheinen – das liegt jedoch in der Natur der Retourkutsche begründet, die ja nur dazu da ist, für jene drei Sekunden der Verwirrung zu sorgen, die man braucht, um das Fehlen einer guten Antwort zu vertuschen. Mal ehrlich: Ist nicht in Wahrheit das Fehlen einer Antwort die eigentliche Antwort? Na also.

VERRÜCKTE REISEN

»Das Seltsame am Alter«, schrieb einst Simone de Beauvoir, »ist, dass man sich nicht alt fühlt.« Während ich das schreibe, sitze ich im Flugzeug nach Erbil im Nordirak und blättere in den Fotos, die mir eine Reporterin der Annabelle vor ein paar Tagen in Genf überreicht hat. Es sind Aufnahmen, die vor 20 Jahren in Südmexiko gemacht wurden. Damals war ich neunzehn Jahre alt und im Dschungel des Bundesstaats Chiapas unterwegs, wo kurz zuvor die Revolte der Zapatisten ausgebrochen war.

Versteckt in einem Nahrungstransporter gelangten mein Fotograf und ich in die autonome, von den Aufständischen kontrollierte Zone. Die Bilder zeigen mich in der Zentralkommandantur der Rebellion, auf dem historischen Protestmarsch aus dem Dschungel auf die mexikanische Hochebene, in Gesellschaft der Indio-Soldaten, Comandantes und Subcomandantes, Frauen und Männern, alle vermummt und mit Maschinengewehren bewaffnet. Sehr jung sehe ich aus. Braungebrannt, mit langen Haaren, offenem Hemd und mit einer etwas groß wirkenden Nase erinnere ich an Richard David Precht – würde der nicht nur in Talkshows sitzen.

Das für mich Berührendste an den Fotos ist aber die Tatsache, dass die Bilder analog aufgenommen sind: mit einem jener Filme, bei denen nach 36-mal Abdrücken Schluss war. Man musste sich immer zweimal überlegen, ob ein Sujet wirklich wichtig war. Ein Teenager schießt heute an einem Freitagabend mehr Fotos als wir damals während der zwei Monate, die wir im lakandonischen Urwald verbrachten.

Ich hatte die Fotos eigentlich für verloren gehalten. Mehrere Jahre lang hatte ich einen Journalisten aus der Romandie im Verdacht, sie mir gestohlen zu haben. Dann fand sie ein alter WG-Kollege, der jetzt bei der Annabelle arbeitet, auf seinem Dachboden. Und so kam es, dass ich vor ein paar Tagen in Genf neben einer Redakteurin saß, die mich über jene Zeit befragte, als es losging mit meinen verrückten Reisen.

Wenn dieser Text in der Zeitung erscheint, bin ich bereits wieder weg aus dem verhältnismäßig entspannten Kurdengebiet im Nordirak und per Auto unterwegs nach Syrien. Begleitet von kurdischen Kämpfern werden wir wie vor 20 Jahren den Ort so oft wechseln, dass niemand genau weiß, wo wir gerade sind. Und natürlich haben wir keine Kamera mit Rollen für 36 Bilder dabei, sondern eine HD-Cam mit Speicherkarten für 50 Stunden Film.

Ich bin aufgeregt, euphorisiert wie ein Neunzehnjähriger – wie vor jeder meiner Reisen seit zwei Jahrzehnten. Und so wird es wohl auch bleiben, bis zu meinem 99. Geburtstag, hoffe ich. Oder wie Simone de Beauvoir so schön sagte: »Der Letzte, der merkt, dass er etwas kürzer treten sollte, ist der Alternde selbst.«

DER WELTMARKT DES MITLEIDS

Jedes Mal, wenn irgendwo in Afrika, in Syrien oder im Irak ein Anschlag geschieht, erscheinen umgehend auf Facebook Bemerkungen der Art: »Wäre das in Paris passiert, dann würden jetzt alle ›Je suis Bagdad‹ posten.« Am Donnerstag ist es also wieder in Frankreich passiert, und die internationale Aufregung ist groß. Zwar gab es im Irak zwischen dem Bataclan-Anschlag und dem in Nizza im Juli 2016 ungefähr 100 Anschläge und Massaker ähnlicher Größenordnung. Doch wenn es Europa trifft, ist alles anders – von den USA ganz zu schweigen. Warum ist das so?

Die »Point of View«-Theorie drängt sich zuerst auf: Uns kommt es nur so vor, weil uns Paris schlichtweg näher ist als Bagdad. Aber stimmt das? Als vor zwei Wochen in Bagdad ein Anschlag mit 200 Toten verübt wurde, war ich zufällig gerade in Erbil in Nordirak. Während sich nach dem Anschlag im Paris im November 2015 die westliche Welt in Terrorwahn stürzte, war ich wohl der Einzige, der sich in den folgenden Tagen in den riesigen Menschenmengen zum traditionellen Zuckerfest unwohl fühlte. Die seit einigen Jahren vom Öl verwöhnten nordirakischen Kurden konnten sich nicht vorstellen, dass ihnen das Gleiche passieren könnte wie den nur einige Hundert Kilometer entfernten Bagdadern.

Oder umgekehrt: Als der Anschlag auf Charlie Hebdo im Januar 2015 passierte, kam ich gerade in Kinshasa an, der kongolesischen Hauptstadt. Nicht einen traf ich, der nicht mit den Pariser Karikaturist:innen gefühlt hätte – während im Osten des Kongo zur gleichen Zeit eine Serie von Massakern mit insgesamt über 1000 Opfern stattfand, völlig unbemerkt von der Hauptstadt. Meine zweite Theorie ist deshalb folgende: Auch die Wahrnehmung von Terror unterliegt den Regeln der Globalisierung. Europa und Nordamerika produzieren nicht nur Popsternchen und Industriegüter für den ganzen Planeten, sie beherrschen auch den Weltmarkt des Mitleids. Ein massakrierter Franzose oder Deutscher ist ungefähr 100-mal medial wertvoller als ein toter Kongolese oder Iraker. Wer das nicht glaubt, soll mal versuchen, eine Reportage über ein Massaker in einem Drittweltland zu verkaufen, bei dem nicht zumindest ein europäischer Tourist ums Leben gekommen ist.

Doch hinter diesen gängigen Theorien gibt es noch etwas, was ich den Elitarismus des Schreckens nennen will: Wie überall im globalen Kapitalismus, so identifiziert man sich auch im Unglück nach oben. Der Jeunesse dorée von Kinshasa sind die ostkongolesischen Minenarbeiter ferner als französische Nachtclubbesucher:innen, genauso wie den Kurden des Nordirak ihre Landsleute im Süden gleichgültiger sind als die Europäer:innen, die ihnen Waffen schicken im Kampf gegen den IS. Angst ist ein internationales Gefühl. Und handkehrum ist dies genau die Botschaft, die von Nizza ausgeht: Niemand ist sicher, nicht einmal die »freundlichste« Stadt Europas, wie die Zeit Nizza jüngst bezeichnete – und deren Name nun für die nächsten Jahre mit dem 14. Juli 2016 verbunden bleiben wird.

DIE RUHE VOR DEM UNTERGANG

Die einzige ernsthafte deutschsprachige Zeitung, die ich in Kroatien auf der Insel Lošinj in der Adria bekommen kann, ist die Süddeutsche Zeitung, die in der Schweiz wegen ihres Kürzels »SZ« manchmal mit der SonntagsZeitung des Tages-Anzeigers verwechselt wird. In der SZ – der deutschen – hat eine Bekannte von mir, die Philosophin Carolin Emcke, eine wöchentliche Kolumne. Eine Formulierung aus ihrer letzten ist mir in Erinnerung geblieben: Carolin schrieb von der »rauschhaften Nervosität«, mit der in dieser Zeit ein Attentat aufs andere folgt und jede Rationalisierung immer bereits von der nächsten Brutalität überholt wird.

Letztens zum Beispiel sollte ich für eine Berliner Radiostation den Amoklauf des Münchners Ali David S. mit dem Attentat vergleichen, das der norwegische Attentäter Anders B. Breivik vor fünf Jahren auf der Insel Utøya verübt hatte. Ich verbrachte den Nachmittag mit der Lektüre verschiedenster Untersuchungen zur Typologie von Attentätern, als aber am Montagmorgen die Aufzeichnung ausgestrahlt wurde, war in Ansbach bereits der nächste Anschlag passiert. Und unterdessen hat es schon wieder ein Massaker gegeben: in der nordsyrischen Stadt Qamishli, aus der einer der Schauspieler meines Stücks »Empire« kommt. Er schickte mir eine Reihe apokalyptischer Bilder: bis auf die Stahlträger weggebombte Gebäude, brennende Autowracks und zerrissene Körperteile, verteilt über ein Trümmerfeld.

Es ist seltsam, eine Stadt, in der man vor wenigen Wochen recherchiert hat, zerstört zu sehen. Noch seltsamer ist es, wie schnell das Alltagsdenken diese Bilder verschwinden lässt. Zwei Nichten des Schauspielers sind bei dem Anschlag gestorben, zwei junge Frauen, die ich kennengelernt habe. Was ist die Empfindung dazu? Irgendein inneres Organ registriert es, doch die »rauschhafte Nervosität«, mit der in unserer Zeit der Tod seine zufällige Arbeit verrichtet, betäubt die Vernunft. Aus dem »Ich«, das etwas fühlen könnte, wird sofort ein »man«: Man schlägt auf einer kroatischen Insel in der Adria die Zeitung auf und sieht abgesperrte Fußgängerzonen in Deutschland, zerbombte syrische Städte oder türkische Sicherheitskräfte, die gefangene Soldaten blutig schlagen. Die Töchter essen Eis, man guckt sich diese Bilder an, die Zeitung leicht abgewandt von den Kindern. Dann blättert man weiter und stößt auf diese zugleich erschöpften und leuchtenden Gesichter von Trump, Putin und Erdogan. Diese aufgepumpten, geistleeren Gesichter der Macht.

Die Kommentator:innen wundern sich. All dies ergibt schon längst keinen strategischen Sinn mehr, weder die Propagandataten des IS noch die Abwehrreaktionen des Westens. Es ist alles absolut zufällig: Irgendwo fährt ein mit Sprengstoff gefüllter Lastwagen vor, irgendwo zückt ein depressiver Jugendlicher eine Waffe. Der Tenor der Meinungsseiten: Panik bringt nichts, am besten, man bleibt ruhig. Was mich vor allem beunruhigt, ist gerade die Ruhe, mit der wir dem Untergang unserer Welt zuschauen.

ÜBUNG IN DEMUT

Je besser die Premiere eines meiner Stücke läuft, desto verheerender der erste Gastspielort. Während die Aufführungen in Zürich für alle Beteiligten äußerst erfreulich waren, wurde die Berlin-Premiere meines Stücks »Empire« vergangenen Donnerstag eine kleinere Katastrophe. Der Lichtcomputer fiel direkt zu Anfang aus, das Stück musste, nachdem wir es 40 Minuten im Quasi-Dunkel gespielt hatten, unterbrochen werden. Die Spannung war weg, der Bann gebrochen. Alles wirkte nur noch sinnlos.

Das passiert mir immer wieder, allen Checklisten zum Trotz. Sollte ich jemals eine Autobiografie verfassen, spottete kürzlich ein Dramaturg, müsste sie »Kontrolle und Untergang« heißen. Je ausgetüftelter das Licht- oder Sounddesign, desto unerbittlicher scheitern wir kurz nach dem Premierensekt an der Technik. Einen tieferen Sinn gibt es nicht – technische Pannen sind ja gerade deshalb so entnervend, weil sie völlig sinnlos sind. Trotzdem sagt mir meine protestantische Erziehung, dass ich und mein Team nicht umsonst leiden. Wir sollen Demut lernen, die Enttäuschung des Publikums und den Spott der Kritiker:innen schweigend hinunterschlucken.

Berlin ist für eine Übung in Demut ohnehin das perfekte Pflaster. Am Freitag, noch völlig deprimiert von der »Empire«-Premiere, musste ich einigen TV-Co-Produzent:innen den Rohschnitt meines neuen Films »Das Kongo-Tribunal« präsentieren. Solche Präsentationen sind eh eine zwiespältige Sache, geht es ja ausschließlich um das Ausfindigmachen von Fehlern. Egal, wie rücksichtsvoll und klug alle Beteiligten sind, man gerät in die Defensive und fühlt sich gemaßregelt. Beim anschließenden Mittagessen antwortete mir die Kellnerin auf die Frage, ob sie Erdbeerkuchen hätten: »Wir haben alles, was in der Vitrine steht.« Sie wies ins tiefe Dunkel ihrer Kneipe und lachte mit einer Mischung aus Verzweiflung und Verachtung.

Soweit Donnerstag und Freitag. Als ich Samstagfrüh zum Flughafen Tegel fuhr, um nach Genf zur Aufführung eines anderen Stücks zu eilen, entschuldigte ich mich beim Taxifahrer, dass die Strecke bloß kurz und sein Verdienst deshalb gering sei. »Warum entschuldigen Sie sich?«, erwiderte er, erbost über meine Unterwürfigkeit. »Sie fahren eben so weit, wie Sie fahren müssen!« Doch sofort schien es dem Mann leidzutun. Offensichtlich hatte er aus meinen gemurmelten Entschuldigungen den Schweizer Akzent herausgehört, denn er sprach Folgendes: »Man würde es nicht denken, aber die Schweiz ist flächenmäßig größer als Österreich.«

Ich wollte schon widersprechen, plötzlich jedoch erkannte ich seine Absicht: Er wollte meinem Leben ein wenig Glanz verleihen. Und es funktionierte. Obwohl Österreich selbstverständlich größer ist als die Schweiz: Es reichte mir, dass ein Berliner Taxifahrer das Gegenteil annahm.

DIE NORMALITÄT DES HEROISCHEN

Wie jeden Tag sah ich mir gestern Berichte über die Rückeroberung Mosuls vom IS an. In einem Bericht über die Erstürmung eines Vororts fiel mir ein Bekannter ins Auge: ein kurdischer Peschmerga-Offizier, mit dem ich mich vor ein paar Monaten in der Nähe von Sinjar südwestlich von Mosul angefreundet hatte.

Ich weiß nicht, warum mir einige Menschen auf Anhieb sympathisch sind. Bei diesem Offizier war es wohl sein Humor, unterströmt von der gleichgültigen Würde, die die Peschmerga wie jede Volksarmee auszeichnet: diese Normalität des Heroischen, die so verschieden ist von der unerträglichen Prahlerei der Berufssoldaten oder Milizionäre. Während einer seiner Vorgesetzten – ein Mann mit beeindruckendem Schnauzbart – im Vordergrund ein Interview gab, wurde mein Bekannter von der Seite angesprochen. Er nickte verschwörerisch mit dem Kopf und grinste ironisch, als wollte er sagen: »Eine Sekunde, ich muss den Quatsch hier nur kurz zu Ende bringen.«

Es war ein völlig alltägliches Grinsen, wie man es zum Beispiel von Statist:innen kennt, wenn sie bei einer Aufführung einen Bekannten im Publikum entdecken. Und auf einen Schlag erinnerte ich mich an so viele Aufnahmen dieser Art, so viele Zeugnisse aus jenen unglücklichen Ländern, die vom IS seit über zwei Jahren im Dunkel ihres »Gottesstaats« festgehalten werden. Vor einiger Zeit überließ mir ein Kriegsreporter eine riesige Datenbank mit Videos von Hinrichtungen, wie sie dort täglich in den Fußgängerzonen stattfinden. Da waren zum Beispiel diese jungen Männer, in einer langen Reihe angetreten, um durch Genickschuss hingerichtet zu werden: So wie man einer Ohrfeige auszuweichen versucht, zuckten sie zur Seite, wenn ihr Nebenmann erschossen wurde. Oder diese Frau mittleren Alters, die ihr Kopftuch nicht ordentlich getragen hatte und – Sekunden bevor sie dafür hingerichtet wurde – noch mit dem etwa achtzehnjährigen »Richter« sprach: ruhig und mütterlich, als spräche sie mit einem verwirrten Schuljungen, der ihr Mörder ja auch war. Im Hintergrund war eine Werbung für Fanta zu sehen.

Der englische Schriftsteller George Orwell erzählt in einer Reportage von einem zum Tode Verurteilten, der auf dem Weg zum Schafott einer Pfütze ausweicht. Denn der Körper des Menschen kann den Tod nicht verstehen. Es gibt keinen schuldigen und auch keinen heiligen Körper – es gibt nur einen lebendigen, einen alltäglichen Körper. Als ich von meiner letzten Recherchereise in den Nahen Osten zurückkam, war ich mit meinen beiden Töchtern im Kölner Stadtwald unterwegs. Eine von ihnen wollte ins Unterholz rennen, da schnellte mein Arm vor und hielt sie zurück, so wie man es im Irak in den zurückeroberten Städten tut: Abseits der Wege liegen die Sprengfallen des IS.

Angst lähmte mich, und für eine Sekunde wusste ich nicht, wo ich war. Nur für eine Sekunde, dann erlöste mich das Lachen meiner Tochter.

MICH SEHT IHR SO BALD NICHT WIEDER

Vor zehn Jahren brachte das Dresdner Staatsschauspiel mein Stück »Pornografia« auf die Bühne. Es handelte von einem Sexmaniac, der das Publikum einen Abend lang an seinen Fantasien teilnehmen lässt. Eine, so fand ich damals, recht gelungene Komödie in der Tradition Woody Allens – die letzte übrigens, die ich in meinem Leben geschrieben habe.

Es war auch das letzte Mal, dass ich in Dresden war. Bis nun, denn jetzt führte das Staatsschauspiel meine schon etwas ältere Inszenierung »Breiviks Erklärung« von 2012 auf: eine Verlesung der Verteidigungsrede des Rechtsterroristen Breivik, der 2011 auf der norwegischen Insel Utøya 70 Jugendliche erschossen hat.

Mich interessierten an der Rede insbesondere die Bezüge zur Schweiz, etwa Breiviks Begeisterung für die direkte Demokratie. Für Breivik sind wir Schweizer:innen quasi Terrorist:innen der Wahlurne, oder um es mit Roger Köppels Worten auszudrücken, der kurz nach Breiviks Attentat in der Weltwoche schrieb: »In der Schweiz können die Leute über Minarette abstimmen und müssen nicht zu anderen Methoden greifen, um ihren Standpunkt auszudrücken.« Auf dieser Linie bewegt sich Breiviks Verteidigungsstrategie: Massenmord als Notwehr.

In Dresden kam »Breiviks Erklärung« direkt im Anschluss an den wöchentlichen Pegida-Umzug auf die Bühne, und das auch noch im Rathaus der Stadt. Wir waren also aufs Schlimmste gefasst – es kam noch schlimmer. Ich meine nicht die paar Journalist:innen, die vier Jahre nach der Premiere noch versuchten, eine Absage zu erzwingen. Ich spreche auch nicht von den als besorgte Bürger getarnten Pegidist:innen, die zum Publikumsgespräch kamen.

Nein: Dresden insgesamt hatte sich völlig verändert. Von der fröhlichen Studierendenstadt, die ich vor zehn Jahren kennengelernt hatte, war nichts übriggeblieben. Die Debatte im Dresdener Rathaus war überwölkt von jenem Überdruss an der jeweils anderen Meinung, die den Anfang vom Ende jeder Demokratie markiert. Sprach ein Rechter, setzten die Antifa-Aktivist:innen ein säuerliches Grinsen auf – und umgekehrt. Mehr oder weniger pausenlos wurde die Nazikeule geschwungen.

Auch ich wandelte mich. Als der Bürochef des Rathauses vor der Aufführung einen Projektor nicht umhängen wollte und irgendwas von Vorschriften nuschelte, fragte ich höhnisch: »Gibt es dafür einen Führerbefehl?« Und fügte, zu den Technikern gewandt, hinzu: »Oder muss man hier fürs Lichtmachen die AfD um Erlaubnis fragen?«

Liebe Dresdener: Ich habe keine Lust auf die Vorurteile anderer – und auf meine eigenen schon gar nicht. Falls »Pornografia« nicht wieder in den Spielplan kommt, dann seht ihr mich so bald nicht wieder.

2017

ANLEITUNG FÜR DIE EXPERTO-KOMÖDIE

»Nöd scho wider äs Analyseli«, pflegt mein Großvater bei der morgendlichen Lektüre seines Lokalblatts zu sagen. Er ist 90, und einem 90-Jährigen kann man nichts vormachen: Er merkt einfach, wenn jemand nicht Bescheid weiß und trotzdem eine Meinungsspalte abfeuert. Wer ist schuld am syrischen Bürgerkrieg? Was hat die Linke in den USA falsch gemacht? Gibt es nach dem Brexit noch eine Zukunft für die EU? Warum rast einer in den Berliner Weihnachtsmarkt? Kein Kolumnist, der all diese Fragen im Jahr 2016 nicht mehrfach beantwortet hätte, selbstverständlich tat auch ich selbst dies.

Die hysterische Experto-Komödie, die dabei aufgeführt wird, ist immer die gleiche und funktioniert in drei Akten: Auf Alarmismus (»Nun hat der Terror Berlin erreicht«) folgt Moralismus (»Bitte nicht die Falschen verdächtigen«) und schließlich Zynismus (»Täglich sterben zehnmal so viele Menschen im Straßenverkehr«). Ein Perpetuum mobile der heißen Luft. Weshalb ich im Folgenden eine kleine Anleitung zur entspannten Zeitgenossenschaft in 10 Punkten liefere. Für alle angehenden Meinungsführer:innen und die, die es glauben zu sein:

1. Vergiss, was die anderen schreiben. Versuch gar nicht erst, sie zu toppen. Deine Cleverness und deine Abgebrühtheit interessieren niemanden.

2. Ruf ein paar Leute an, die mehr wissen als du. Hör zu. Frag nach. Unternimm, wenn nötig, eine Reise. Was auch immer du tust: Die Wahrheit gibt es nur da draußen.

3. Jetzt bist du vor Ort. In Brooklyn bei den Ostküsten-Intellektuellen. In den zerstörten Städten des Zweistromlands. Auf dem Berliner Weihnachtsmarkt. Schweig und staune. Es ist alles anders, als du dir gedacht hast. Nicht nur ein bisschen anders, sondern völlig anders.

4. Stürz dich rein. Werd persönlich. Fühl dich gemeint. Aber misstrau dem ersten Bescheidwisser-Impuls. Auch dem zweiten. Auch dem dritten. Es geht nicht um dich.

5. Langsam wird die Fülle an Informationen quälend, nicht wahr? Hör dennoch nicht auf zu recherchieren. Bis du völlig blockiert bist. Bis du kein Wort mehr schreiben kannst. Bis du aufgeben willst.

6. Jetzt bist du depressiv. Entspann dich. Lies die Klassiker: Wie beschreibt Joan Didion den Tod ihres Mannes? Was denkt Michelangelo über die Farben? Was berichtet Kapuściński von der Sowjetunion? Hör dir Musik an, egal von wem – Patti Smith, Bach oder The Strokes.

7. Und plötzlich macht es klick. Plötzlich leuchtet da der erste Satz. Alles ist jetzt wichtig. Schreib schnell. Schreib schlecht. Schreib ekstatisch.

8. Ändere dann die Geschwindigkeit. Der Moment des Humors ist gekommen. Der Moment der Weisheit. Schreib langsam. Die Wahrheit ist jetzt in deinem Kopf, in deinen Händen.

9. Bist du fertig? Streich die Einleitung.

10. Abschicken.

DAS LACHEN DER OPFER

Seit zwei Wochen probe ich am Schauspielhaus Zürich mit dem Theater Hora an einer Adaption eines der brutalsten Filme der Filmgeschichte: »Salò oder die 120 Tage von Sodom«. Konkret läuft das so: Die behinderten Schauspieler:innen vom Theater Hora verfilmen auf der Bühne ihre Lieblingsszenen, und die Schauspieler:innen vom Schauspielhaus versuchen, ein paar ihrer Tricks einfließen zu lassen. Das heißt, dass sie zum Beispiel erklären, wie eine Vergewaltigung funktioniert. Oder mithelfen, die Täter aus Pasolinis Film zu verkörpern, weil die etwas viel Text haben. Oder einfach, von der Freude an der Sache gepackt, verführt von der Finsternis des Themas, noch eins draufsetzen.

Denn je düsterer das Thema, desto fröhlicher die Stimmung. Das Schreckliche und Gemeine hat mich immer zum Lachen gebracht. Das hat nichts mit Zynismus zu tun, es ist auch keine reine Entlastungsleistung. Ich erinnere mich, wie ich als 19-Jähriger zum ersten Mal an einer Straßensperre von zwei Teenager-Soldaten mit Maschinenpistolen bedroht wurde. Ich war in Chiapas unterwegs, und sie hatten mich und meinen Freund in einem Nahrungstransporter entdeckt, in dem wir in die aufständischen Gebiete gelangen wollten. Zweifellos hatte ich Angst, mein Lachreiz war eine panische Reaktion. Zugleich aber erschütterte mich die Absurdität der Situation: die Art und Weise, wie sich diese vier Teenager hier begegneten, zwei davon bewaffnet. Wie die Soldaten versuchten, böse Gesichter zu machen, wie alle Soldaten zu allen Zeiten.

Das geht mir bis heute so: Es ist, als hinge dem Bösartigen etwas zutiefst Lächerliches an in seiner auftrumpfenden Vulgarität. Zu Recht gab es Proteste, als die BBC letzthin einen Sketch ausstrahlte, in dem eine IS-Braut ihre Probleme schilderte: »Nur noch drei Tage bis zur Enthauptung, und ich weiß immer noch nicht, was ich anziehen soll.« Lustig ist es trotzdem. Ein Freund von mir, der Philosoph Klaus Theweleit, hat ein schönes Buch namens »Das Lachen der Täter« geschrieben. Darin beschäftigt er sich mit den lachenden ruandischen Völkermördern in meinem Stück »Hate Radio«, mit Anders B. Breivik, den ein irres Lachen schüttelte, als er auf der Insel Utøya fast 80 Jugendliche erschoss. Und auch lachen die Folterknechte in »Die 120 Tage von Sodom« pausenlos.

Es gibt allerdings ebenso ein Lachen der Opfer. Oder besser noch: Ein Lachen jener Menschen, die als Opfer vorgesehen sind, doch auf ihrer Freiheit bestehen, über die zu lachen, die sie zum Schweigen bringen wollen. Nichts ist den Täter:innen unerträglicher, als eine Pointe zu sein. Und genau deshalb hat es etwas zutiefst Befreiendes, einen Gewaltfilm zu proben: Man kann sogar sterbend noch lachen. Weil einen der Anarchismus des Lebens, diese überbordende Fantasie des Vitalen, einen angesichts des Todes am glanzvollsten übermannt.

WENN ALLES SCHIEFLÄUFT

Ich mochte Publikumsgespräche noch nie. Es gibt wenig Unentspannteres, als direkt nach einer Aufführung darüber zu sprechen. Denn wenn ich mir eine meiner Inszenierungen anschaue, sehe ich nur Fehler. Am Freitag zum Beispiel saß ich in einem meiner Stücke, das ich seit fast fünf Monaten nicht mehr gesehen habe: »Five Easy Pieces«, eine kleine, sehr emotionale Inszenierung, in der Kinder verschiedene Figuren aus dem Leben des Kindermörders Marc Dutroux verkörpern.

Von Beginn an lief alles schief. Der Sound der Mikrofone war zu laut eingestellt, was die Intimität des Abends ruinierte. Die Schauspieler:innen waren müde und spulten deshalb – so schien es zumindest dem Regisseur, der in der letzten Reihe die Hände rang – recht ungerührt ihre Szenen ab. Ständig hustete jemand im Publikum, und ein Besucher hatte sogar vergessen, das Handy auszuschalten. Als ich schon aufatmen wollte, wurde im letzten Monolog ein Absatz vergessen. Der Übertitler radierte in der Verwirrung gleich noch einen zweiten Absatz aus, womit der Höhepunkt des Stücks genauso unverständlich blieb, wie der Rest zu gut zu verstehen gewesen war. Als der Applaus aufbrandete, war ich fix und fertig.

Eigentlich sollte ich das gewohnt sein: Theater ist die fehleranfälligste Kunstform überhaupt. Theater ist immer live, immer vom Totalabsturz bedroht. Dazu kommt: Während man als Schauspieler:in oder Techniker:in immerhin noch eingreifen kann, sind

Regisseur:innen oder Dramaturg:innen, sobald die Aufführung begonnen hat, die Hände gebunden. Man sitzt im Publikum wie alle anderen, und noch nach 200 Aufführungen kann alles schieflaufen. Auf einen strahlenden, schwerelosen Abend kann eine komplett hölzerne Show folgen. Das Schlimmste ist trotzdem, wenn überhaupt nichts schiefläuft. Wenn alles einfach abschnurrt, leblos und uninspiriert.

Und hier beginnen die Schrecken des Publikumsgesprächs. Denn anstatt nach dem Schlussapplaus hinter die Bühne rennen und auf die Schauspieler:innen und Techniker:innen einreden zu können – was selbstverständlich nichts mehr bringt –, muss man sich nun selbst auf die Bühne setzen. Jeder im Publikum hat sein eigenes Stück gesehen, hat daran vielleicht sogar Gefallen gefunden. Niemand ahnt etwas von dem überwältigenden Versagensgefühl des Regisseurs, der sich sicher ist, nur aus Mitleid nicht aus der Stadt gejagt zu werden.

Das Finale findet jedoch in der Theaterbar statt. Denn dort wartet jeweils ein treuer Freund oder feinsinniger Kritiker, der das Unwohlsein des Regisseurs gern ausräumen will. »Ich hab das gar nicht bemerkt«, sagt er, nachdem ihm vom Regisseur das epische Desaster geschildert worden ist, »ich dachte, das sei alles Absicht gewesen.« Und fügt hinzu: »Und denen, die es nicht gemocht haben – denen hätte es auch dann nicht gefallen, wenn alles perfekt gelaufen wäre.«

EIN PARLAMENT FÜR ALLE

Am 17. Juli 1790 betrat ein Mann namens Anacharsis Cloots die Pariser Nationalversammlung in Begleitung von 36 Bürgern, die er als »Deputation des Menschengeschlechts« in exotische Kostüme gekleidet hatte. Sie sollten bezeugen, dass die Welt der Erklärung der Menschen- und Bürgerrechte für die französische Nation – die knapp ein Jahr zuvor erfolgt war – Gefolge leisten werde.

Soweit unterrichtet uns die Geschichtsschreibung über jenen 17. Juli, als erstmals die Idee eines Weltparlaments aufkam. Cloots' Gedankengang war simpel: Warum sollten die Menschen- und Bürgerrechte nur für Frankreich gelten? Und nicht für die ganze Welt? Warum also sollte es nicht ein Weltparlament geben, in dem alle Menschen, alle Interessengruppen, egal, welchen Standes und welcher Hautfarbe, als Deputierte vertreten wären?

Das Überraschende an all dem ist: Cloots' im Grund keineswegs radikaler Einfall wurde bis heute nicht umgesetzt. Zwar gab es alle möglichen Deklarationen für internationale Menschen oder Minderheitenrechte, nie aber eine reale politische Vertretung für alle Weltbürger. Während die nationalen Wirtschaften und damit die jeweils partikularen politischen Entscheidungen sich seit der Französischen Revolution globalisiert haben, blieb die Politik strikt national.

Warum also, dachten wir uns, Cloots' Idee nicht endlich umsetzen? Zusammen mit vielen anderen Aktivist:innen und Intellektuellen arbeiten wir seit einigen Monaten an der Realisierung dieses demokratischen Menschheitstraums. Und wie immer, wenn man eine Sache in die Hand nimmt: Ende 2017 wird unsere »Generalversammlung« in Berlin, der ökonomischen und realpolitischen Hauptstadt der EU, 120 Abgeordnete aus der ganzen Welt versammeln.

In der Tradition der 1789 gegründeten Pariser Nationalversammlung soll so endlich der globale »dritte Stand« zu Wort kommen. Jene geschätzten 95 Prozent der Menschen, die in den nationalen Parlamenten nicht vertreten, von ihren Entscheidungen aber betroffen sind: Geflüchtete, Arbeitsmigrant:innen, Grenzgänger:innen, die Nachgeborenen, Kriegsopfer, Textil- und Minenarbeiter:innen, die Kleinbauern und -bäuerinnen, die Wirtschafts- und Klimaflüchtlinge oder die Opfer des sich anbahnenden Ökozids – die Liste ließe sich ins Unendliche fortsetzen. Jede:r sei hiermit aufgerufen, sich uns anzuschließen.

Und das Weltparlament von Cloots? Cloots, ein Berliner, der sich »der Preuße« nannte, wurde als »Sprecher des Menschengeschlechts« vorerst sehr populär. Sein Preußentum wurde ihm jedoch zum Verhängnis, als das konservative Preußen das revolutionäre Frankreich angriff. Als ausländischer Spion angeklagt, starb Cloots am 24. März 1794 unter der Guillotine. Wieder einmal hatte die Machtpolitik der Nationen über den Internationalismus gesiegt.

BEKENNTNISSE EINES PROKRASTINATORS

Eines der Fremdwörter, die immer wieder mal auftauchen in meinem Leben, lautet »Prokrastination«. Damit gemeint ist eine Disziplin, die wohl nur in Nordkorea unbekannt sein dürfte: das elegante Aufschieben unangenehmer Aufgaben. Elegant deshalb, weil der geübte Prokrastinator nicht einfach nichts tut. Er ist kein Faulpelz, sondern ein antizyklischer Workaholic. Anders ausgedrückt: Er arbeitet sich wie wild an allen möglichen Projekten ab, nur nicht an denen, die gerade anstehen.

Im Studium, als alle meine Soziologie-Freund:innen für die Statistik-Zwischenprüfung lernten, schrieb ich Gedichte und Literaturkritiken. Nicht weil ich Lyriker oder Essayist werden wollte, sondern um nicht Statistik zu lernen. Aus dem gleichen Grund begann ich kurz darauf, Theaterstücke zu schreiben: um mich vor meiner Arbeit als Dichter zu drücken. Das Stückeschreiben prokrastinierte ich, indem ich Regisseur wurde. Und jetzt, da ich diese Kolumne schreibe, sollte ich eigentlich die Untertitel meines neusten Films korrigieren. In den Neunzigerjahren angetreten, um Soziologe zu werden, bin ich durch die Zufälle der Prokrastination Dichter, Kritiker, Regisseur und Kolumnenschreiber geworden.

Solche Verschiebungs-Zusammenhänge ergeben sich nicht nur im Lauf der Jahre, sondern sind tägliche Praxis. Während ich für das ungeübte Auge konzentriert von Aufgabe zu Aufgabe hetze, prokrastiniere ich in Wahrheit pausenlos. Nehmen wir den gestrigen

Tag: Auf der Flucht vor einem Essay plante ich ein Casting, das ich wiederum aufschob, um einige Anrufe zu tätigen. Als nur noch unangenehme Telefonate übrigblieben, erinnerte ich mich plötzlich an ein Lehrbuch zur Tragödien-Theorie, das ich seit längerem lesen muss. Ich setzte mich tatsächlich hin und las es.

Denn keine Aufgabe ist so unangenehm, dass sie nicht, am Ende einer Prokrastinationskette auftauchend, plötzlich in verführerischem Licht erscheint – weil sie nun selbst prokrastinierend wirkt. Auch das Gegenteil ist der Fall. Gestern saß ich mit einem Philosophen in einem China-Restaurant in Berlin, der Welthauptstadt der Prokrastination. Der Philosoph schlug mir einen Gesprächsband vor, als »mögliche Themen« nannte er eine Reihe mir nur vage bekannter Fremdwörter. Das Konzept bestehe darin, dass wir uns Facebook-Nachrichten hin und herschicken würden. »Und dann?«, fragte ich. »Dann gar nichts«, erklärte der Philosoph, »dann wird das gedruckt.«

Ich gestehe: Einen Moment lang wurde ich schwach. Ist das Verfassen von pseudointellektuellen Facebook-Posts nicht das Elysium eines jeden Prokrastinators? Doch schließlich winkte ich ab. Keine Sache, nicht einmal Besserwisserei auf Facebook, ist schließlich totale Nichtarbeit! Und was immer als Arbeit deklariert wird – es ist dem wahren Prokrastinator nur noch eines: Anlass zur Flucht in die Prokrastination.

ICH, DER FRANKREICH-EXPERTE

Was mache ich im Frühjahr 2017, wenn mir langweilig ist? Ich äußere mich zur französischen Präsidentschaftswahl. Seit vor einigen Jahren in meinem Wikipedia-Artikel der Satz auftauchte »wohnt in Deutschland, der Schweiz und Frankreich«, gelte ich bei einigen deutschen Redakteur:innen als Frankreichkenner. Morgen Abend zum Beispiel muss ich in einer Talkshow erklären, wer französische Präsident:in werden wird.

Was weiß ich denn? »Ein Jahr müsste ich suchen, um einen wahren Gedanken in mir zu finden«, wie Franz Kafka schrieb. Persönlich bin ich, obwohl seine Europa-Politik natürlich Nonsens ist, für den Linken Mélenchon. In die Stichwahl schaffen wird es gleichwohl der Ex-Banker Emmanuel Macron mit seiner an die tiefsten Nullerjahre erinnernden »Es gibt kein Links und kein Rechts, es gibt nur gute Politik«-Ideologie. Im Gegensatz zu den deutschen Medien, die in ihm eine Art Messias der sozialen Marktwirtschaft sehen, verfolge ich Macron schon seit ein paar Jahren – unter anderem deshalb, weil ich die französische Bildungsministerin, die Schwester eines meiner Stammschauspieler, gut kenne.

Ich weiß: Die Versprechungen des Linkskandidaten Mélenchon sind zu guten Teilen Propaganda, also undurchführbar, und Macron steht für »realistische Lösungen«. Er ist ein klassischer Technokrat, ein Wendehals, der mit seinen 39 Jahren alle politischen Moves von abgehoben-elitär bis zum basisdemokratischen Bad in der Menge schon durchprobiert hat. Aber wer ist dieser Macron, Hollandes ehemaliger Wirtschaftsminister, wirklich? Er ist, simpel gesagt, die Mensch gewordene Postpolitik, die Hillary Clinton Frankreichs. Und er wird, sollte er es ins Elysée schaffen, den Überdruss der Franzosen an halbherzigen Reformen von oben und damit den Sieg Le Pens in fünf Jahren besiegeln. Oder wie es Didier Eribon auf den Punkt gebracht hat: »Wer Macron wählt, wählt Le Pen.«

Wie dem auch sei: Was soll ich morgen Abend im deutschen Fernsehen erzählen? Soll ich abwägen, die Unwählbarkeit aller Kandidat:innen eingestehen? Das wäre wohl das Ehrlichste. Das Problem ist nur: Deutschland ist das Land des Bescheidwissens. Alertes Sowohl-als-auch gilt nördlich des Rheins nicht als clever, sondern als Schwäche. Vor einigen Jahren bewarb ich mich in Berlin um eine sogenannte »Leitungsfunktion« und musste deshalb mit einigen anderen Kandidierenden ein Assessment Center – eine Folge von Interviews und Rollenspielen – absolvieren.

Bei der Auswertung nahm mich die Testleiterin, eine hochgewachsene Norddeutsche, zur Seite: »Ist Ihnen bewusst, dass Sie pausenlos gegrinst haben?« Ich: »Das war Absicht, das wirkt charming.« Sie: »Nein, Lachen wirkt nur unsicher.« Seither lache ich in Deutschland nicht mehr, und auch morgen bleibt mir im deutschen Fernsehen nur eines: mit tiefernster Gerhard-Schröder-Stimme für Macron zu werben. Es lebe die deutsch-französische Völkerfreundschaft!

SO EIN THEATER!

Vor einer Woche wurde ich zum Intendanten des belgischen Nationaltheaters in Gent gewählt. Seither bin ich unablässig damit beschäftigt, Menschen zu treffen. Zuerst wären da die etwa 100 Mitarbeiterinnen und Mitarbeiter des Theaters, die Schauspieler:innen, Techniker:innen, Bühnenbildner:innen, Tour-, Stage- und Produktionsmanager:innen, die Ticketverkäufer:innen, Presse- und Reinigungsleute, die ich im Einstundentakt treffe. Wobei eine Stunde nie ausreicht – immerhin schaffe ich so den ersten Durchlauf in etwa einem Monat. Dazu kommen all die Künstler:innen, Schauspieler:innen, Regisseur:innen, Bühnenbildner:innen, Aktivist:innen, Politiker:innen, Journalist:innen oder einfach Bürger:innen, die mit mir über die neue Richtung des Nationaltheaters sprechen wollen. Und da darüber alle eine andere, aber interessante Meinung haben, ist ein Ende nicht abzusehen.

Obwohl ich jeden Abend halbtot in mein Bett sinke: Ich war selten so euphorisch, und zwar im tiefsten Inneren meines Wesens. Sicherlich spielen da der Reiz des Neuen und auch eine gewisse fröhliche Megalomanie eine Rolle. Meine eigene Theaterproduktionsgesellschaft besteht aus knapp 10 Leuten. Als Intendant bin ich nun zusätzlich für 100 Festangestellte und etwa dreimal so viele freie Mitarbeiter:innen und Gastkünstler:innen verantwortlich. Das ist es aber nicht. Es ist der Rausch des gemeinsamen Denkens, der mich elektrisiert, dieses Kraftfeld einer gemeinsamen Aufgabe, diese Gründerstimmung. Ich treffe ja all diese Menschen nicht, um sie »kennenzulernen«, wie man so schön (und auch so einfühlsam) sagt. Ich treffe sie, um herauszufinden, was ich selbst will, was mit dem Genter Nationaltheater geschehen soll. Vor allem treffen wir uns, glaube ich, um etwas Drittes zu entdecken: das, was wir gemeinsam sein und tun können.

Und dies ist es, was ich am Theater neben der düsteren Ausstrahlung eines klassischen Theatersaals oder dem mich seit Kindertagen euphorisierenden Geruch nach Holz und Farbe und dem Kreischen der Metallsägen in den Werkstätten so liebe: dass in einem Theater eins und eins nicht zwei ergibt, sondern etwas völlig anderes. Dass alle Irrtümer der wirklichen Welt korrigiert werden können, wenn auch nur für einen Abend. Dass sich zeigt, dass eine Putzfrau vor 20 Jahren Antigone gespielt hat (und wieder spielen will). Dass ein Schauspieler flämische Meister kopiert. Dass der Tourmanager Schweine züchtet und Apfelbäume. Dass die Ticketverkäuferin Politikerin ist und kenianische Autor:innen ins Deutsche übersetzt.

Denn ein Theater ist mehr als die Summe der Aufführungen, die gezeigt werden. Ein Theater ist ein Organismus, der jeden, der in ihn eintritt, verändert. Ein Theater ist eine kollektive Denk- und Produktionsmaschine. Hier herrscht immer der Jüngste Tag: Unsere begrabenen Hoffnungen und Sehnsüchte, unsere Dummheiten und Klugheiten fahren allabendlich aus ihren Gräbern und zwicken uns wach. Klingt ganz gut, oder? Dann schauen wir mal, wie es in Gent wird.

UNTER GREISEN

Vor drei Wochen geschah etwas Seltsames. Die Leute, mit denen ich zu tun hatte, alterten auf einen Schlag um 30 Jahre. Saß ich vorher Dramaturginnen und Schauspielern mit Undercut oder Afro gegenüber, so hatte auf einmal jeder meiner Gesprächspartner wirres graues Haar – wenn er überhaupt noch Haare hatte.

Doch nicht nur die Haare, auch die Migrant:innen verschwanden wie auf einen Schlag von der Bildfläche. Es gab keine Nordafrikaner:innen mehr, keine Kongoles:innen, nicht einmal ein paar Rumän:innen oder Türk:innen. Es war wie in einem Gedicht von Gryphius, dem Vergänglichkeitspoeten des Barock: Das jugendliche Völkergewirr des internationalen Theaterlebens hatte sich in eine Gruppe glatzköpfiger Herren und alter Damen in Businesskostümen verwandelt.

Der Grund für all das: Ich bin vor drei Wochen Intendant geworden. Und Intendanten sind, wie fast alle Mitarbeiter:innen in den höheren Leitungsgremien von Theatern: weiß, bis auf wenige Ausnahmen männlich und mittleren bis fortgeschrittenen Alters. Ich bin kein Altersrassist, Jugendliche langweilen mich meist zu Tode. Nichts Öderes als die schnellen Ideen von Jungregisseuren, mich selbst nicht ausgenommen. Die Kunst kennt kein biologisches Alter.

Das Sein bestimmt jedoch das Bewusstsein. Als junger Student hatte ich eine Zeit lang eine mexikanische Freundin, deren Familie in einer Gated Community am Rand einer der Drogenstädte Nordmexikos lebte. Ihre Mutter war noch nie im Stadtzentrum gewesen, irgendwie gab es die Stadt und deren Probleme nicht für sie. Was kein Wunder war: Traten bei ihr die Einwohner:innen nur als fröhliche Putzfrauen, Köchinnen und Wachmänner in Erscheinung.

»Warum essen die Leute nicht einfach Kuchen?«, fragte die französische Königin Marie-Antoinette, als ihr berichtet wurde, dass es in den Pariser Armenquartieren kein Brot mehr gab. In ihrem Palast machte sie es ja auch so. Die Wandlung von liberalen Menschenfreunden in zynische Fieslinge lässt sich als Effekt eines über lange Zeit eingeengten Blickwinkels erklären. Niemand ist blinder als die hohen Manager:innen, sitzen sie doch immer in den gleichen, von ihren sozialen Doubles bevölkerten Gremien. Man kann die ganze Welt bereisen – wenn man es per Businessclass tut, versteht man gar nichts von ihr.

Womit wir wieder bei mir beziehungsweise bei meiner neuen Funktion als Intendant wären. Auch wenn es anstrengend wird: Ich werde dafür sorgen, dass das Nationaltheater in Gent mindestens so durchmischt ist wie Gent selbst. Fläminnen und Wallonen, Belgier:innen kongolesischen und nordafrikanischen Ursprungs, junge Theaternerds und uralte Diven werden nebeneinander arbeiten. Denn es gibt kein richtiges Leben im falschen. Und gute Kunst schon gar nicht.

EIN LOB FÜR DIE PROVINZ

Vergangene Woche hielt ich den letzten Vortrag meiner »Saarbrücker Poetikdozentur für Dramatik«. Poetikdozenturen funktionieren wie folgt: Eine Künstlerin oder ein Künstler wird für ein Semester zum Professor oder zur Professorin ernannt, und in öffentlichen Vorträgen soll sie oder er sich erklären. Wie es mit dem Theater, dem Film oder eben dem Schreiben angefangen hat. Wie man mit Schauspieler:innen arbeitet. Wozu griechische Tragödien, amerikanische Serien oder Kate Tempest einen inspiriert haben. Wie man das uferlose Reden von Zeitzeug:innen, die nächtlichen Träume oder Probendebatten zu einem zusammenhängenden Text werden lässt. Und am Ende werden die Vorträge als Buch veröffentlicht.

Das eigentlich Interessante an einer Poetikdozentur ist jedoch etwas anderes: Man fährt regelmäßig in eine Stadt, in die man sonst nie gefahren wäre. Saarbrücken ist eine ausgesprochen graue, im Zweiten Weltkrieg komplett zerbombte Provinzstadt. Vielleicht noch verheerender als die englischen Luftangriffe war für die Stadt eine Gruppe ehrgeiziger Stadtplaner in den 70ern. Als es dank der prosperierenden Stahlindustrie noch Steuergelder gab, wurde eine sechsspurige Autobahn zwischen Stadtschloss und Saar gezwängt. Am Ufer dieses romantischen Flusses versteht man deshalb sein eigenes Wort nicht.

Doch reist man über längere Zeit nach Saarbrücken, trifft dort mit Zuhörerinnen und Zuhörern zusammen, mit denen man nachher noch bis in die Morgenstunden in verschiedenen Kneipen diskutiert, dann wächst einem diese graue, unprätentiöse Stadt ans Herz. Man beginnt den kleinen mittelalterlichen Kern zu schätzen, gerade weil er so klein und grau ist. Man besichtigt die Stahlwerke, geht in den Einkaufszentren einkaufen, und irgendwann überrascht man sich damit, dass man sogar das unter Hitler gebaute Staatstheater toll findet. Selbst die absurd umständliche Anreise in Regionalzügen: Irgendwie beginnt man die Zerdehnung der Zeit und der Distanzen, diese Provinzialisierung der Geografie zu mögen.

So wurde mir in den letzten Wochen Saarbrücken zur Lebensweise. Von den wiederkehrenden technischen Problemen bei den Vorlesungen bis zu den Debatten mit den Saarbrücker:innen, die unendlich viel Zeit zu haben scheinen: Man hört zu und redet, reist und lebt, beobachtet und macht sich innerlich Notizen. Und während man das tut, falten sich im Hinterkopf Sätze auf, die am Ende einen Text ergeben. »Du bist keine Schönheit, vor Arbeit ganz grau, leider total verbaut, aber grade das macht dich aus«, singt Grönemeyer über seine Heimatstadt Bochum. Ein Lied, das mein ebenfalls aus Bochum stammender Videodesigner mich ab und zu anzuhören zwingt und ich deshalb auswendig kenne.

Saarbrücken ist genauso: eine verbaute Scheißstadt, gleichzeitig das »Himmelbett der Tauben«, wie Grönemeyer über Bochum sagt. Saarbrücken ist eine Stadt, die kein Interesse auf sich zieht. Und so zum Beobachten, Denken und Leben Zeit lässt.

NEULICH IM SCHLOSS BELLEVUE

Vorgestern Abend war ich in Berlin im Schloss Bellevue zu Gast. Frank-Walter Steinmeier, seit ein paar Monaten deutscher Bundespräsident, hatte einige Künstler:innen und Kulturpolitiker:innen zum Sommerempfang gebeten, darunter auch mich. Zum Einwärmen las ich ein Steinmeier-Porträt: Der Präsident sei »nicht sexy, aber glaubwürdig«, hieß es dort. »Mit seinem weißen Haarschopf« erinnere er »an den mächtigen Zauberer Gandalf aus ›Herr der Ringe‹«.

In der Rede, die der deutsche Bundespräsident dann abends im Festsaal des Schlosses vor einer gewaltigen EU-Flagge hielt, ging es um die »freiheitlichen Werte«, welche »von allen Seiten unter Beschuss« stünden. Wir Künstler:innen seien die Gralshüter der Toleranz und der globalen Gerechtigkeit, er, der Bundespräsident, zähle auf uns. Daraufhin brach lautes Klatschen los, anschließend wurden Häppchen und Sekt gereicht.

Warum ich das berichte: Vor ein paar Jahren hat Steinmeier eine tatsächlich Gandalf-ähnliche Rolle in meinem Leben gespielt. Das war im Januar 2015, als ich in der Demokratischen Republik Kongo das »Kongo-Tribunal« vorbereitete, und Steinmeier – damals noch Außenminister – in Kinshasa zu Gast war. Er sollte dem kongolesischen Präsidenten Kabila, der ein paar Tage zuvor 40 Demonstrant:innen hatte erschießen lassen, für die deutsche Wirtschaft ein paar Rohstoffdeals abluchsen. Was ihm allem Vernehmen nach auch gelang.

Mein Problem bestand darin, dass im Flugzeug des Außenministers, auf das ich gehofft hatte, keine Plätze mehr für mich und mein Team frei waren. Die einzige brauchbare Landebahn im 1500 Kilometer entfernten ostkongolesischen Minengebiet – wohin die Reise aus Kinshasa ging – war damals eine viel zu kurze Piste. Immer wieder verunglückten Passagierflugzeuge bei der Landung, rollten ins Vulkangestein hinter der Bahn. Die neue und genügend lange Startbahn sollte genau einen Tag nach unserem Flug eröffnet werden. Eben zur Feier von Steinmeiers Besuch.

Meine etwas fatalistisch veranlagte Produzentin schrieb deshalb vor Abflug ein Testament, in dem es hieß: »Dass wir diesen Flug nicht überlebt haben, daran ist Außenminister Steinmeier schuld.« Sie verfügte, dass das Testament im Fall eines tödlichen Crashs der deutschen Regierung zur Kenntnis gebracht werden müsse. Letztlich passierte nichts, daher nutzte ich die Chance beim Sommerempfang vor zwei Tagen, dem Bundespräsidenten aus dem Testament meiner Produzentin vorzulesen.

Er lauschte meinem Vortrag und lächelte mir unter seinem weißen Haarschopf zugleich staatsmännisch und kumpelhaft zu, kurz: Gandalf-mäßig. Dann entschuldigte er sich und fügte hinzu, dass auch die neue Landebahn unter aller Sau gewesen sei. Vielleicht sogar noch übler als die alte. Was eigentlich erstaunlich sei angesichts des märchenhaften Rohstoff-Reichtums des Kongo. Und so standen wir im Schloss Bellevue, und die EU-Flagge blähte sich still im Abendwind.

WENN DIE SCHWEIZ DER KONGO WÄRE

Es war kurz nach Neujahr 1672, als der kongolesische Eroberer Nzinga Kihangi den Rhein hinauffuhr. Auf der Höhe des Rheinfalls kam es zu einem Aufstand der Ureinwohner, den Kihangi blutig niederschlagen ließ. Kurz darauf setzten Schneefälle ein. »Saf i Duniani«, »Unbefleckte Erde«, nannte deshalb Nzinga Kihangi das Gebiet jenseits des Rheins.

Besonders betrübte die Ökonomen der Königlich-Kongolesischen Handelsgesellschaft die Faulheit der Einheimischen. Die Versuche, sie zu disziplinieren, führten, kombiniert mit dem einsetzenden Sklavenhandel, zur Entvölkerung ganzer Landstriche. Wie sollten die gewaltigen Goldminen Zentralafrikas sonst bewirtschaftet werden? Ohnehin gab es im weithin unfruchtbaren Safi Duniani, kurz: Safistan, keine Verwendung für die »Eitergesichter«, wie die Einheimischen von den schwarzen Kolonialbeamten genannt wurden.

Nur eines schienen die Einheimischen zu verstehen, die Kuhzucht. Als ein kongolesischer Ethnologe 1856 in einer Schale Milch eine aus seiner Heimat mitgebrachte Kakaobohne auflöste, war das »braune Gold« entdeckt: die Schokolade! Wenige Jahre später war die komplette Wirtschaft Safistans auf den Export des begehrten Handelsguts ausgerichtet. Die völlige Abhängigkeit Safistans vom braunen Gold hatte auch negative Auswirkungen. 1949 etwa fielen zwei Drittel der Bevölkerung einer Hungersnot zum Opfer.

1979 wurde schließlich unter dem Radikalsozialisten Maurice Montagne-Lion, von den Einheimischen »Leuenberger« genannt, die Unabhängigkeit Safistans errungen. Die folgende Verstaatlichung der Schokoladenindustrie führte zur Bildung einer safistischen Mittelschicht, zugleich auch zu einem starken Anstieg des Schokoladenpreises. In einem durch afrikanische Geheimdienste unterstützten Putsch wurde Montagne-Lion deshalb ermordet und durch den Schokoladenmilliardär Christophe Fou-Vitesse, genannt »Blocher«, ersetzt.

Die folgende Deregulierung hatte gewisse Nachteile. Als 2004 Untersuchungen des Afrikanischen Währungsfonds ergaben, dass in fast allen Schokoladenfabriken Frauenarbeit üblich war und bei einheimischen Arbeiter:innen Sturmgewehre entdeckt wurden, verfügte das kongolesische Parlament den sofortigen Schokoladenstopp. Alle als »rot« eingestuften Produktionsstandorte wurden von ethisch korrekt arbeitenden afrikanischen Großinvestoren übernommen, die einheimischen Arbeiter:innen entlassen.

Damit hat Safistan endlich den Anschluss an den afrikanischen Markt gefunden. 2072, rechtzeitig zur 400-Jahr-Feier der Entdeckung Safistans, wird die Schokoladenrepublik die durch die Entmilitarisierung entstandenen Kosten abbezahlt haben. »Der Begriff Konflikt-Schokolade wird bald schon Geschichte sein«, so der safistische Präsident Fou-Vitesse vergangenen Freitag in einer – leider von Kuhgeräuschen gestörten – Rede vor dem Afrikanischen Währungsfonds.

HAU DEN RAU

Drei bis viermal pro Jahr feiert ein neues Projekt von mir Premiere, und das Ritual ist immer das gleiche. Das Publikum jubelt oder buht, dann gibt es ein Gläschen Sekt oder ein Bier. Einige befreundete Künstler:innen sagen mir ihre Meinung – freundlich, aber bestimmt. Und wenn alles vorbei ist, der Kater ausgeschlafen, erscheinen die Kritiken.

Einige davon sind gut, einige sind schlecht, je nach Geschmack der Verfasserin oder des Verfassers. Die kritischsten Anmerkungen kommen jeweils aus der Schweiz. Vielleicht liegt das in unserer Mentalität, jedenfalls finden die Zeitungen aus Zürich oder Genf, selbst wenn es ihnen gefallen hat, meistens ein Haar in der Suppe. Und das ist gut so. Ich lese meine Kritiken immer sehr genau, meistens lerne ich etwas dabei. Auch wenn es oft schmerzhaft ist.

Problematisch wird es, wenn die Ablehnung total ist. Das ist bei der NZZ der Fall, die seit etwa eineinhalb Jahren alle meine Arbeiten vernichtet und zwar völlig unabhängig von ihrem jeweiligen Thema oder ihrer Form. Ab und zu werde ich von ausländischen Freunden gefragt, warum das so sei. Während mich beispielsweise die deutschen Kritiker:innen für mein vorletztes Stück »Five Easy Pieces« zum »Schauspielregisseur des Jahres« gewählt haben und ihre belgischen Kolleg:innen mir ihren jährlichen Kritikerpreis zusprachen, fand die NZZ das Stück »manipulativ« und »selbstgefällig«.

Für die am Schauspielhaus Zürich aufgeführten »120 Tage von Sodom«, das in Deutschland und Frankreich als schwer zu ertragendes, doch auch zutiefst menschliches Theaterwerk rezipiert wurde, forderte die NZZ »Wiedergutmachung« bei den geistig behinderten Schauspieler:innen, die sie gleichzeitig – was ihr moralisches Argument etwas schwächte – als »Vorzeige-Behinderte« verspottete. Sogar das von der kongolesischen Bevölkerung euphorisch begrüßte »Kongo Tribunal«, das sich gegen die Vertreibung von Hunderttausenden von Menschen durch westliche Rohstoffkonzerne richtet, verführte die NZZ zur Frage: »Werden hier Menschen benutzt?« Gemeint war der Dokumentarfilm zum Projekt, nicht die Politik der Rohstoffkonzerne.

Ich weiß: Man soll seinen Kritiker:innen nicht antworten. Und dass es zwischen einem, der (auch) Schweizer Rohstoffkonzerne anklagt, und einer rechtsliberalen und wirtschaftsnahen Zeitung einige weltanschauliche Differenzen gibt, ist logisch. Warum aber immer dieser pseudomoralische, persönliche Manipulationsvorwurf? Und warum nur bei der NZZ – übrigens der Zeitung, bei der ich vor fast 20 Jahren meine ersten Literaturkritiken veröffentlichte?

Schwamm drüber. Mein nächstes Stück, das im Oktober Premiere hat, handelt von Lenin. Schon zu Lebzeiten war der russische Revolutionsführer ein Hassobjekt der NZZ und ist es bis heute geblieben. Das wird also dieses Jahr nichts mehr mit mir und der Falkenstraße.

DAS ENDE DES AUGUSTS

Der August neigt sich dem Ende zu. Die Tage werden kühler, die Zeit der heißen, mückengeplagten Nächte ist vorbei. In ein paar Tagen beginnt der September, die Theater starten ihr Herbstprogramm, und jede Minute erscheint eine neue Mail in meinem Mailordner. Der Monat August ist im Theaterbetrieb der tote Monat. Sechs Wochen lang gibt es keine Aufführungen, und alles fällt in tiefen Schlaf. Ja, man probt für die Premieren im September, man geht auf die Sommerfestivals. Aber man tut das alles in einer entspannteren Weise als im März oder November. Man tut es fast träumerisch, geborgen in der Schwüle des Sommers.

Abgesehen von einem Besuch auf dem Filmfestival Locarno und ein paar Probentagen in Belgien war ich in keinen abgedunkelten Räumen. Letztes Jahr probte ich intensiv an »Empire«, vorletztes Jahr war ich an der Biennale in Venedig und quälte junge europäische Künstler:innen mit einem Workshop. Diesen August nichts davon. Ich schwamm mit den Kindern im Meer, und da jeder Druck weg war, schrieb ich viel: ein Drehbuch, ein paar Essays, unter anderem über Ursina Lardi, mit der ich ab September wieder an »Lenin« proben werde.

Und ich las viel, völlig ziellos. Romane von Boris Sawinkow, das faszinierende »Was auf dem Spiel steht« von Philipp Blom, ein Buch der halb vergessenen Kathy Acker und die »Chronicles« von Bob Dylan. Zum vielleicht zehnten Mal in meinem Leben las ich die »Orestie« von Aischylos, die ich im Nordirak auf die Bühne bringen werde. Und wenn es abends etwas abkühlte und die Kinder im Bett waren, schauten wir auf der Veranda »Twin Peaks«.

Vor allem aber las ich, wie jeden Sommer, Denis Johnson. Vergangenen Mai ist er gestorben. Ich habe mich nie bemüht, ihn kennen zu lernen, und das bereue ich jetzt. Seine Bücher erzeugen in mir eine Art Verzweiflung, gepaart mit großer seelischer Helligkeit. Ich meine diese haltlose Verstörung, wie nur wirkliche Kunst sie über uns bringt. Man versteht nicht, woher dieser Mensch dies alles weiß und beschreiben kann. So schrecklich und wahr sind Johnsons Geschichten. Seine Figuren verfolgen mich, wie Träume in der Kindheit. »Train Dreams« ist die beste Erzählung, die es gibt in dieser Welt – und vielleicht auch noch in ein paar anderen.

Der Sommer also: Zeit des Lesens. Der Sommer, das ist der Süden, das sind die erstarrten Eidechsen, die an der Mauer kleben und auf einmal mit abgehackten Bewegungen in einer Ritze verschwinden. Und das orchestrale Schnarren der Zikaden. Wenn es aus geheimnisvollen Gründen abbricht, entsteht ein Loch im Hirn, ja eigentlich im Dasein. Genauso ist es mit dem August, denke ich. Wenn er plötzlich vorbei ist, erschrickt man, da er ewig hätte fortdauern sollen.

DIE FINSTERE SEITE DER VERNUNFT

»Das Zeitalter ist aufgeklärt – woran liegt es, dass wir noch immer Barbaren sind?«, fragte Schiller einst in »Über die ästhetische Erziehung des Menschen«. Die Brutalität der Französischen Revolution hatte ihn zweifeln lassen an der Allmacht der Vernunft – und vor allem an ihrer Diktatur. Tausende Franzosen hatten ihr Leben unter der Guillotine verloren. Als Schiller 1805 starb, stand das Schlimmste noch bevor. Der Untergang der Grande Armée in Russland, der antifranzösische Partisanenkrieg in Spanien: Das alles war für die an die Kabinettskriege des 18. Jahrhunderts gewöhnten Europäer:innen ein traumatischer Schock. Voltaire war, knapp 50 Jahre vor Schiller, an einem Erdbeben in Lissabon verzweifelt. Das frühe 19. Jahrhundert musste sich an den menschengemachten Untergang von Millionen gewöhnen.

Die auf Napoleon folgende Epoche war deshalb eine der Restauration: ein Zeitalter der großartigen, auch gewalttätigen Ideen, die allerdings nicht umgesetzt wurden. Während die jungen europäischen Männer ihre napoleonischen Triebe in den Kolonien abreagierten und ganze Völker ausradierten, sollte es auf dem Alten Kontinent selbst zwei ganze Generationen dauern, bis es wieder als kommun galt, die kriegerische Durchsetzung einer Weltanschauung in Betracht zu ziehen. Folgerichtig war die darauffolgende erste Hälfte des 20. Jahrhunderts wieder eine Epoche der Gewalt.

Was mich an alldem immer fasziniert hat, ist die Arbeitsteilung der Generationen. Es ist, als würden die Ideen, die von der einen

Generation entwickelt werden, um Gewalt zu verhindern, eine oder zwei Generationen später zu deren Anlass. Voltaire hatte sich unter »Aufklärung« vorgestellt, dass alles so weitergehen würde wie bisher, nur gerechter, klüger, weniger barbarisch. Zwei Generationen später wurde den Adligen, mit denen Voltaire geschliffene Dialoge geführt hatte, der Kopf abgeschlagen.

Adorno nannte es die »Dialektik der Aufklärung«: die Tatsache, dass jene Mittel, die zur Überwindung der chaotischen Natur in uns drin und um uns herum geschaffen wurden, sich am Ende gegen den Schöpfer selbst wenden. Der Neoliberalismus, um die Krisenideologie unserer Zeit zu benennen, entspringt einem antitotalitären, sehr vernünftigen Gedanken: Wenn jeder an sich selbst denkt, ist an alle gedacht. Nun, bald 60 Jahre nach Hayeks »Verfassung der Freiheit«, zeigt auch diese Vernunft ihre finstere Seite. Das globale Proletariat macht sich auf nach Europa, um seinen Anteil am Glück einzufordern – nur um von uns aufgeklärten Barbaren im Mittelmeer ertränkt zu werden. Denn für alle Menschen reicht die Freiheit nicht.

Immer einmal mehr aufstehen als hinfallen, lautet das Diktum des Komikers Hallervorden. Und vielleicht ist das ja die einzige Ideologie des aufrecht gehenden Affen: Try again, fail again, but fail better. Was nur dann schwierig ist, wenn man tot ist.

2018

DIE VERGLÜHTE STADT

In der langen Reihe der vom Neoliberalismus erniedrigten Städte nimmt die belgische Stadt Liège für mich eine besondere Stellung ein: In der nur eineinhalb Autostunden von Köln entfernten ehemaligen Minenmetropole wohnt einer meiner Lieblingsschauspieler. Im kommenden Frühling werden wir dort eine Art Passionsspiel mit Bürgerinnen und Bürgern der Stadt inszenieren, ein Theaterstück über den Untergang einer einst stolzen Stadt in der Postmoderne.

Liège war über 150 Jahre lang das Zentrum der europäischen Stahlindustrie. Der mythische John Cockerill gründete hier 1813, als Napoleons Armeen im russischen Winter erfroren, die erste und bald größte Eisengießerei Europas, und noch immer umgibt eine Dornenkrone aus Hochöfen und Werkhallen die ehemalige Residenzstadt. Bis in die 60er-Jahre hinein wuchs die Industrie und lockte zuerst die Landbevölkerung, später Italiener und schließlich Heerscharen von nordafrikanischen Arbeitern an. Da Hochöfen, einmal angezündet, über Jahrzehnte in Betrieb sind, wurde Liège als »La cité ardente« berühmt: die »glühende Stadt«.

Heute ist Liège, nachdem die Schwerindustrie in den frühen 80er-Jahren von Investor:innen zerschlagen worden ist, ein melancholischer Zombie. Wie all die anderen ehemaligen Arbeiterstädte trägt auch sie die Kainsmale des Strukturwandels zur Schau: eine für Tourist:innen hergerichtete Innenstadt aus dem Spätmittelalter, einen überdimensionierten Bahnhof von Calatrava und einen verspiegelten »Financial Tower« direkt gegenüber dem Bahnhofsvorplatz, auf dem sich arbeitslose Jugendliche nachts mit Heroin versorgen.

Als wir in den vergangenen Tagen ein Casting für unser Liѐger Passionsspiel veranstalteten, kamen sie alle: die ehemalige Gewerkschaftsführerin, die von der Sozialistischen Partei verraten worden war. Die pensionierte Lehrerin, die als Hundesitterin arbeitet, weil ihre Rente nur ein paar Hundert Euro beträgt. Oder die Urenkelin von John Cockerill, die berühmt wurde, als sie einen Roman über ihre Vergewaltigung in einem Park unweit des Bahnhofs schrieb.

Den Todesstoß empfing Liège übrigens, als die Innenstadt nach dem Modell amerikanischer Autostädte modernisiert wurde. Die verwinkelten Viertel ums Zentrum herum, in denen Belgier:innen, Italiener:innen und Araber:innen zusammenlebten, wurden für mehrspurige Einfallstraßen geopfert. Vorbeireisende Tourist:innen sollten schnell ins Zentrum gelangen, um dort in die Oper zu gehen oder einzukaufen. Doch die Tourist:innen kamen nicht, nur die Liѐger wurden in die grauen Vorstädte vertrieben. Auf verschiedene Ghettos aufgeteilt, begannen sie, sich zu bekriegen.

»Es gibt kein Liège mehr«, sagte mir ein entlassener Gabelstaplerfahrer, der in seiner Freizeit die Hits von Aphex Twin auf der Gitarre nachspielt. Außer eben im Rahmen von sozialkritischen Theaterstücken wie dem unsrigen.

BIN ICH EIN ST. GALLER?

Im Jahr 1990 saß ich in der ersten Reihe im St. Galler Stadttheater, als Niklaus Meienberg den Kulturpreis der Stadt erhielt. Meienberg nutzte die Preisverleihung für einige unsensible Scherze; aus den Worten des Mannes, der in Zürich, Paris und den USA gelebt hatte, sprach zugleich die tiefe Liebe zur Stadt seiner Kindheit. Neben mir in der ersten Reihe saß mein Großvater, Dino Larese, der im Gegensatz zu Meienberg eher konservativ war. Er hatte Martin Heidegger und Thomas Mann in die Ostschweiz geholt und die »St. Galler Sagen« verfasst, die wir in der Primarschule lasen. Trotzdem war mein Großvater ein Freund von Niklaus Meienberg, zusammen unternahmen sie lange Spaziergänge. Eine Konstellation, die heute wohl kaum mehr denkbar wäre: Mein Großvater war ein früher SVP-Wähler, Meienberg für damalige Verhältnisse linksradikal. Es waren allerdings die 90er-Jahre, und sogar meine heute leider als eher verbohrt bekannte Heimatstadt war damals so liberal, dass sie dem Weltbürger Meienberg ihren Kulturpreis zuerkannte.

Nun lese ich im St. Galler Tagblatt, dass sich der Stadtrat gegen die Entscheidung der Kulturkommission gestellt hat, mir den gleichen Preis zu verleihen. Der »Bezug zur Stadt« sei »nicht gegeben«, so begründet Stadtpräsident Thomas Scheitlin die Annullierung des Jurybeschlusses. Nun wird gemäß Statuten der St. Galler Kulturpreis Menschen zugesprochen, die »entweder in St. Gallen aufgewachsen sind oder das Bürgerrecht der Stadt besitzen«. Von der Tatsache mal abgesehen, dass meine Familie seit mehreren Generationen das Ortsbürgerrecht von St. Gallen besitzt und ich mein halbes Leben vor Ort verbracht habe: Was will mir der Stadtrat damit sagen?

War mein – zugegeben kritisches – Theaterprojekt am Stadttheater zum »St. Galler Lehrermord« nicht »st.-gallisch« genug? War der »Bezug zur Stadt« meiner Texte im Ostschweizer Kulturmagazin »Saiten«, wo meine Kolumnen viele Jahre lang erschienen, zu lose? Waren meine Seminare an der St. Galler Universität zu wenig auf die Belange der Stadt fokussiert? Oder hatte ich schon in meiner Grundschulzeit am Hadwig-Schulhaus oder später an der örtlichen Kantonsschule un-»st.-gallischen« Kosmopolitismus gezeigt?

Klar, man sollte solche Vorgänge nicht zu ernst nehmen. Ich frage mich dennoch, was wohl mein Großvater dazu gesagt hätte, für den es selbstverständlich war, als Sohn italienischer Einwanderer die Sagen der Stadt aufzuschreiben. Oder seine Frau, meine Großmutter, der gestrenge Spross einer der großen (und in der Weltwirtschaftskrise ruinierten) St. Galler Textilfamilien. Was hätten sie wohl von der Aussage des Stadtpräsidenten gedacht, der »Bezug zur Stadt« ihrer Familie sei »nicht gegeben«? Ja, im Grunde ist einem die Heimat wohl recht gleichgültig – bis sie einem aberkannt wird.

DER JIHADIST IM »GENTER ALTAR«

Vergangene Woche brach über mich der wildeste Skandal meiner Laufbahn herein. Nachdem Laatste Nieuws – Belgiens größte Boulevardzeitung – der Öffentlichkeit bekannt gemacht hatte, dass ich für ein Theaterstück Jihadisten suchen würde, eskalierte die Situation in kürzester Zeit. Ein Mediensturm brach los, und schon am zweiten Tag erfolgte die Forderung der N-VA – der größten rechtspopulistischen Partei Belgiens –, meinem Theater die Subventionen zu entziehen. Soweit nichts Besonderes. Außergewöhnlich wurde es erst, als sich der belgische Kulturminister einschaltete. Die Kunstfreiheit habe ihre Grenzen, verkündete er, und meine »Schauspieler« würde er ins Gefängnis bringen, bevor sie auch nur in die Nähe der Bühne kämen. Die N-VA berief eine parlamentarische Fragestunde ein. Womit das Ganze zur Staatsaffäre wurde.

Was war passiert? Seit einigen Monaten bin ich Intendant des Theaters im belgischen Gent, und Anfang März haben wir einen Casting-Aufruf für das Stück »Der Genter Altar« veröffentlicht: Um das wohl berühmteste Altarbild der Kunstgeschichte auf die Bühne zu bringen, suchen wir 15 Charaktere: Adam und Eva, Kain und Abel, Kreuzritter, Märtyrer oder ein Lamm.

Das Interessante am Genter Altar ist: Als die Brüder Eyck das Bild in der Frührenaissance malten, nahmen sie ihre Nachbar:innen zum Vorbild. Adam zum Beispiel hat sichtbar sonnenverbrannte Hände, denn Modell stand ein einfacher Landarbeiter. Das Gleiche gilt für alle anderen Figuren, und sogar der Sponsor des Bildes taucht als Figur auf. Die großen Fragen nach Ursprung und Sinn des Lebens mit alltäglichen Menschen zu illustrieren: Das ist auch die Idee unserer Neuinszenierung.

Doch zurück zum Skandal. Für die Medien – bald auch Guardian, Paris Match und al-Jazeera – war die Idee, dass sich in meinem Bild ein belgischer Jihadist befinden könnte, »pervers«. Ignoriert wurde dabei, dass zurückgekehrte Mitglieder des IS oder der al-Nusra-Front in Belgien sowieso automatisch ins Gefängnis kommen. Ebenso ignoriert wurde, dass im Untergrund lebende Extremisten niemals in einem Theaterstück mitspielen würden. Kurz: dass in der realen Welt die unterstellte künstlerische Perversion völlig unmöglich ist.

Doch es brachte nichts, dass wir immer wieder erklärten, der Begriff »Jihadist« sei selbstverständlich übertragen, letztlich ironisch gemeint. Ironie funktioniert nur, wenn es gemeinsame Bewertungsgrundlagen gibt. Oder anders: wenn dem Gegenüber nicht magische Kräfte unterstellt werden. Dass ein einfacher Theatermacher alle existierenden Gesetze des Rechtsstaats und der Logik aufheben könnte, davon ging man ungefragt aus.

So kam es, dass ich am Freitagabend nicht, wie ich eigentlich vorgehabt hatte, am Schweizer Filmpreis in Zürich teilnahm, sondern in Belgien über Kunst und Verbrechen debattierte. Doch wer fragt mich schon, was meine Pläne sind? Allah ist groß – und seine Wege sind undurchdringlich.

DIE ÖDNIS DES GESCHMACKS

Über Ostern war ich mit meiner Familie in der Ostschweiz wandern. In dem Gebiet, das vom Bodensee langsam bis zum Alpstein ansteigt und in dem es auch mitten im Sommer abends immer etwas kühl wird, bin ich aufgewachsen. Tatsächlich allerdings besteige ich vor allem wegen des Wurstkäsesalats und der Älplermagronen die Appenzeller Berggipfel. Und in einem der Bergrestaurants – ich glaube, es war der Hohe Hirschberg – entdeckte ich neben den Nussgipfeln auch ein Kägi-Fret.

Das letzte Mal, dass ich bewusst ein Kägi-Fret probiert habe, war vor über 20 Jahren. Die Schreibmaschinenlehrerin hatte mir eine der mit Schokolade überzogenen Waffeln zu Weihnachten geschenkt. Ich erinnere mich, wie ich das Gebäck auf dem Nachhauseweg aus der Verpackung holte. Es war, als hätte ich ein Pharaonengrab geöffnet: Die Schokowaffel zerfiel vor meinen Augen zu trockenen Partikeln. So wie alle Kägi-Frets in allen Skilagern und auf allen Bergwanderungen zuvor.

In der Schweizer Skigebiet- und Bergrestaurantszene ist das Kägi-Fret quasi die Angela Merkel unter den Konsumgütern. Obwohl schon der Name nach einem Schädling klingt, gelten die stählernen Gesetze der Marktwirtschaft nicht für das absurd fade Gebäck. Gemäß Wikipedia reichen die Verteilwege bis nach Asien, 3000 Tonnen laufen jährlich vom Band. Lähmende Langeweile und ein unbezähmbares Völlegefühl überkommen den Unglücklichen, der nur schon an ein Kägi-Fret denkt – und trotzdem findet es weltweiten Absatz. Woran liegt das?

Die einzig marktsoziologisch sinnvolle Erklärung ist, dass das Kägi-Fret zufällig eine weltweit gültige Formel der geschmacklichen Ödnis verkörpert. »Die Rezeptur blieb seit den Anfängen unverändert«, wie ein Jubeltext der Firma verkündet. Der kulinarische Nullwert, der bizarre Name und die jede Saison erneut scheiternden Versuche, sich – etwa mit Plakaten, auf denen das Kägi-Fret Teufelshörner trägt – an den Zeitgeist ranzuschmeißen: All das ergibt ein derart deprimierendes Gesamtbild, dass es sich nur um eine Tradition handeln kann. Und eine Tradition schätzt man nicht wegen ihrer Coolness oder ihres Inhalts, sondern einfach, weil es sie gibt.

Kurzum, es ist mit dem Kägi-Fret wie mit der Flädlisuppe, die ebenso niemand wirklich mag, die trotzdem bisher jede Revolution und jeden Hype überlebt hat. »Das schmeckt wie damals in der DDR«, sagte ein ostdeutscher Freund von mir, als er an einem Skiwochenende in der Ostschweiz ein Kägi-Fret probierte. Obwohl ihm das Gebäck nicht sonderlich schmeckte, leuchteten seine Augen, als hätte er gerade die Madeleine von Proust gekostet.

Denn wir essen ja nicht nur, um satt zu werden. Sondern wir essen auch, um kurz den Alltag und vielleicht die vergehende Zeit überhaupt zu vergessen. Und genau das tut das Kägi-Fret: Es erinnert uns daran, dass gewisse Dinge sich nie ändern werden.

DAS LÄCHERLICHE THEATERWESEN

Wie so oft Samstag früh sitze ich im ICE nach Hause und klicke mich durch die Facebook-Timeline. Von allen Berufen ist das Theater vermutlich der exhibitionistischste: bizarre Probenfotos, aggressive Angriffe gegen berufliche oder sonstige Feinde, Petitionsaufrufe, flämische Meister neben Fotos von sich anbahnenden oder gerade zu Ende gehenden Liebesbeziehungen werden aufgelockert von AfD-, Trump- und Daniele-Ganser-Bashing.

Eine Freundin von mir hat gerade die SMS eines bekannten Filmproduzenten gepostet, die ausschließlich aus dem Wort »Erektion« besteht. Etwas weiter unten reitet ein anderer Schauspieler auf einer Rodeo-Maschine zu einer Bachkantate. Dazwischen tanzt ein syrisches Kinderensemble vor einem Film von Bombenabwürfen. Theater ist eine öffentliche Kunst – manchmal schonungslos und direkt, oft auch verworren und lächerlich.

So war ich ein wenig nervös, als sich Hassan Jarfi letzte Woche für einen Probenbesuch ankündigte. Gerade arbeite ich am Nationaltheater in Brüssel an einem Stück über den Mord an seinem homosexuellen Sohn. Vor genau sechs Jahren, am 22. April 2012, wurde er von vier Betrunkenen über Stunden gefoltert und schließlich sterbend an einem Waldrand ausgesetzt. Wie würde sich die Direktheit des Theaters mit dem tiefsinnigen Humanismus des muslimischen Theologen Hassan Jarfi vertragen?

Ein kleiner Trupp von Print- und TV-Journalist:innen begleitete Hassan, als er am »Jarfi Day« zur Probe kam – so heißt ein Feiertag in Belgien zu Ehren des Mordopfers kurz vor dem Jahrestag. Es war der erste breit diskutierte Fall von Homophobie, das Parlament führte sogar ein neues Gesetz zur Strafverschärfung von »Hate Crimes« ein. Bei Hassan Jarfi selbst hatte der Mord an seinem Sohn Ihsane eine existenzielle 180-Grad-Wendung zur Folge: Aus einem konservativen Theologen wurde ein Verfechter der Diversität.

In meinem Stück kommen unter anderem der Mord selbst und eine Knutschszene in einer Gay-Bar vor. Dazwischen tanzt ein Lagerist mit einem Gabelstapler, und als Kapitelüberschriften sieht man Bilder von Hochöfen. Kein Wunder, dass ich nervös war. Hassan setzte sich in die erste Reihe und schaute sich das Stück an. Als das Licht anging, sagte er etwa eine Minute lang nichts.

Umringt von Journalist:innen erklärte ich ihm, in der Endfassung würde der Darsteller von Ihsane ein Lied von Purcell singen – um das Ganze etwas monumentaler zu machen. Hassan aber lachte nur und sagte: »Ich hoffe, der Schauspieler singt falsch.« Denn er hatte alles verstanden, er hatte, wie er später sagte, »Ihsane wieder lebendig gesehen«. Gerade in der Verworrenheit, im elegischen Durcheinander des Stücks war ihm sein Sohn begegnet.

Und was ihm unverständlich geblieben war, hatte er wohl, wie jeder kluge Mensch, dem oft lächerlichen Wesen des Theaters zugeschrieben.

GRUNDSÄTZLICH UNVORBEREITET

Ich weiß nicht mehr genau, wann es losgegangen ist, dass ich ständig Kommentare und Statements abliefern muss. Gestern zum Beispiel war in Brüssel Premiere meines Stücks »Die Wiederholung«, das vom brutalen Mord an einem belgischen Homosexuellen handelt. Während der letzten Lichtproben tippte ich an drei Texten parallel: einer Rede fürs Berliner Theatertreffen mit dem hochtrabenden Titel »Der Schauspieler des 21. Jahrhunderts«, an einer Entgegnung auf einen von mehreren bürgerlichen Intellektuellen verfassten Essay, der meinem »Kongo-Tribunal« »ethische Fragwürdigkeit« vorwirft – sowie an dieser Kolumne. Und eine halbe Stunde vor Premierenstart drehte ich ein Videostatement für den Entwurf einer »Europäischen Republik«, über die ich mit dem Schriftsteller Robert Menasse und der Politologin Ulrike Guérot nachdenke.

Vorbereitungen bringen mir wenig. Ich habe die Leute, die Notizbücher füllen, bevor sie sich an die Arbeit machen, immer bewundert. Obwohl ich für meine Stücke Dutzende von Interviews führe und alle möglichen Reisen unternehme, schaue ich nach Probenstart selten in die Transkriptionen. Die Ideen kommen mir erst, wenn die Schauspieler:innen auf der Bühne stehen, wenn die Kamera läuft oder das neue Word-Dokument geöffnet ist. »Man gebe mir ein Thema«, soll der antike Redner Gorgias gesagt haben, bevor er an die Kanzel trat. Natürlich ist mein Themenspektrum verglichen mit Gorgias – der Sportler genauso wie berühmte Leichen und Provinzstädte lobpreiste und zwischendurch über »Das Seiende« oder »Das Handwerk« dozierte – geradezu beschämend eng. Trotzdem komme ich mir manchmal vor wie er: eine Art Instant-Generalist, der gemäß einem Kleist-Zitat auf die »Verfertigung der Gedanken beim Reden« vertraut.

Das mag oberflächlich wirken, das Gute ist allerdings: Diese grundsätzliche Unvorbereitetheit befreit meine Mitarbeiter:innen. Über die Jahre ist es zu meiner Methode geworden, bei Probenstart eben gerade nicht Bescheid zu wissen. Die Schauspieler:innen angesichts der völligen Offenheit des Spielfelds beginnen zu erzählen. Ein kollektiver Denkapparat setzt sich in Bewegung, und wir sortieren, kürzen und erfinden neu, bis das Stück fertig ist. Vom Anfang auf das Ende zu schließen, ist unmöglich, was die Presseabteilungen in den Wahnsinn treibt. Für »The Civil Wars« hatten wir zwei Monate im Brüsseler Jihadisten-Milieu recherchiert. Am Ende erzählten die Schauspieler:innen auf der Bühne ihre Lebensgeschichten. So verwandeln sich die großen Fragen und Konflikte unmerklich zu etwas Persönlichem, das Generelle wird zum Erlebnis. Theater heißt, dass alles immer im Augenblick geschieht, gleichsam zum ersten Mal. Man gebe mir ein Thema, und dann schauen wir mal, was geschieht: Das könnte jede:r Schauspieler:in zu Beginn eines jeden Stücks sagen.

VERDRÄNGT VON MEGHAN MARKLE

Letzte Woche saß ich in einer belgischen Talkshow. Sie funktionierte nach der üblichen Logik solcher Shows im öffentlich-rechtlichen Fernsehen: Ein gewisser Standard muss gewahrt werden, es gibt also zunächst ein eher schwer verdauliches Thema – zum Beispiel einen Bürgerkrieg, Polizeigewalt oder den Klimawandel. Darauf folgt eine ebenfalls ernste, schon weniger deprimierende Thematik, und der dritte Gast schließlich ist die Spaßposition, der »fait divers«, wie mir der Pressebeauftragte meines Theaters erklärte.

Am Tag vor der Show hatte Donald Trump die amerikanische Botschaft nach Jerusalem verlegt, und wie nicht anders zu erwarten, war ganz Palästina in Aufruhr. Zuerst an der Reihe war deshalb ein auf den Nahen Osten spezialisierter Journalist, dem ich gern den Vortritt ließ. Die Position neben mir hinwiederum war mit einer englischen Yellow-Press-Ikone besetzt, Spezialistin für die Hochzeit von Prince Harry und Meghan Markle. Was wäre, dachte ich mir, geeigneter für die Spaßposition als eine königliche Liebesheirat?

Jedoch: Während der Show stellte sich heraus, dass ich an dritter Stelle kommen würde. Der »fait divers« war nicht Meghan Markles Lächeln, sondern mein neues Stück, das von einem brutalen Mord an einem Homosexuellen handelt. Die englische Journalistin gestand mir im Anschluss, dass sie ebenfalls damit gerechnet hatte, an letzter Stelle zu landen. Doch wie ernst Theater, Film, Literatur und Kunst überhaupt sein mögen: Sie bleiben hinter allem Realen zurück. Auch wenn es sich bloß um eine Fernsehhochzeit handelt.

Das hat seine Vorteile. Werde ich im Nordirak oder im Ostkongo an den Checkpoints von Soldaten nach meinem Beruf gefragt, sage ich »Autor« oder »Theatermacher«, manchmal aus Sicherheitsgründen auch einfach »Künstler«: ein mitleidiger Blick, dann werde ich durchgewunken. Nichts ist weniger kriegsentscheidend als die Kunst, ganz im Gegensatz zur Selbstwahrnehmung meines Berufsstandes.

Als ich einmal irrtümlich an einem nordirakischen Checkpoint das Wort »Fernsehen« erwähnte – ich drehte fürs ZDF eine kleine Reportage, um eine Recherchereise zu finanzieren –, hatte das Stunden von Verhören zur Folge. Schließlich zwang man mich mit einer Gruppe anderer Journalist:innen zu Interviews mit einem kurdischen Frauenbataillon, das nur für die Medien existiert. Als »Künstler« hatte ich mit den Peshmerga unbehelligt an der Front zum IS gelebt.

Doch ganz so folgenlos ist die Kunst nicht. Der amerikanische Schriftsteller Truman Capote liebte die Partys der New Yorker High Society. Da er Schriftsteller war, gewissermaßen die Spaßposition, nahm ihm gegenüber niemand ein Blatt vor dem Mund. Als Capote schließlich ein Buch über die Partys veröffentlichte, hatte das einen Skandal und die Entlassung mehrerer Politiker zur Folge. »Was hatten sie sich denn gedacht?«, wunderte sich Capote. »Ich bin doch Autor.«

WAS IST EINE MEINUNG?

Vergangenes Wochenende lernte ich in der Kölner U-Bahn einen Mann kennen. Schnell kam das Gespräch aufs Thema Politik, und mein Mitreisender outete sich als AfD-Wähler. Man sah ihm an, dass er sich überwinden musste: Während in der Schweiz der Rechtspopulismus seit mehreren Jahrzehnten Teil des politischen Alltags ist, ist in Deutschland ein Geständnis rechter Positionen immer noch ein Coming-out.

Aber wie man weiß, wirken Coming-outs enthemmend. Populistische Parteien bieten ihren Wählern einen permanenten Junggesellenabschied, bei dem immer verrücktere Meinungen diskutierbar werden. Fast ein wenig gehetzt erzählte mir der Mann, Mitglieder der Grünen und der Linken müssten an die Wand gestellt werden, denn mit ihnen »könne man nicht diskutieren«. Ich erwähnte, dass meine Frau die Grünen wähle, ob sie demnach erschossen werden müsse? »Die Anwesenden meine ich nicht«, sagte der Mann lächelnd. »Aber das ist ja sowieso nur meine Meinung. Und jeder darf seine Meinung äußern in einer Demokratie, nicht wahr?«

Nun ist die Demokratie bekanntlich die Regierungsform, in der tatsächlich jede Stimme gleich viel zählt. Jeder kann sagen, was er denkt, und was die Mehrheit denkt, wird in die Verfassung geschrieben. Die sympathische Logik dahinter ist die statistische Maximierung des Gemeinwohls. Auf die oft diskutierten Schwächen der Demokratie – dass die Mehrheit eben auch Hitler wählen kann – will ich nicht eingehen. Sondern mir nur eine simple Frage stellen: Was ist eine politische Meinung?

Wir leben in einem Zeitalter des absterbenden Liberalismus. Der Liberalismus war, als er noch funktionierte, eine rationale, manchmal sogar elitäre Auffassung von Demokratie. Liberal sein hieß, ein Maximum an Partizipation für das Ziel aller Politik zu halten, die Fakten und den guten Geschmack dabei jedoch nicht aus den Augen zu verlieren. Denn was bringt Demokratie, wenn sie bloß noch ein Spektakel möglichst irrer Ansichten ist? Anders ausgedrückt war der Liberalismus eine Regierungsform, mit der die säkulare Gesellschaft sich gegen alle Formen von Predigern zu schützen versuchte. Ein Prediger darf, um eine Sekte hinter sich zu scharen, alle möglichen Fakten neu arrangieren. Er kann alles versprechen, am besten komplett Unmögliches. Sein Charisma besteht gerade darin, dass die Naturgesetze für ihn nicht gelten. Pragmatisches Understatement, gar Toleranz wären für einen Prediger nichts als Schwäche.

Politischen Meinungen dagegen sind Grenzen gesetzt: Es sind die Grenzen bürgerlicher und intellektueller Korrektheit – weshalb die sogenannte Political Correctness immer das erste Opfer des populistischen Tabubruchs ist. Bei der nächsten Station stieg unser Mitreisender aus der U-Bahn. Ich nickte ihm bei der Abfahrt zu, und er antwortete mit einem zackigen Nazi-Gruß. Denn das ist das Perfide an der Demokratie: Dass man sich ihrer nie sicher sein kann.

VOM TABU ZUM PROGRAMM

Die rechtskonservative N-VA ist die größte Partei Belgiens. Zum einen stellt sie den Ministerpräsidenten und mehrere Minister:innen. Im ersten Absatz des Parteiprogramms aber fordert sie die Unabhängigkeit Flanderns – und damit die Auflösung des Landes, das sie regiert. Diese für eine populistische Partei typische Umarmung unvereinbarer Gegensätze setzt sich bei allen möglichen Themen fort. So ist die N-VA zwar eine Volkspartei, die gern vom »einfachen Arbeiter« spricht. Die Realpolitik der Partei dagegen ist extrem wirtschaftsliberal, also offensiv arbeitnehmerfeindlich. Was die Flüchtlingspolitik angeht, verfolgt die N-VA einen »integrativen Nationalismus«: Wer sich integriert, der ist auch willkommen. Tatsächlich jedoch hat die Politik der N-VA zu einer fast paranoiden Spaltung der belgischen Gesellschaft in »echte« Belgier und Zugewanderte geführt.

Der Zufall wollte es, dass ich den Abend des EU-Gipfels zur Flüchtlingspolitik vergangene Woche mit dem belgischen Migrationsminister verbrachte. Der Standaard, die größte belgische Tageszeitung, veranstaltet für ihre August-Beilage jedes Jahr einen Diskurs-Battle mit zwei Teilnehmern. Mein Kontrahent, eben der belgische Migrationsminister, Mitglied der N-VA und mit über 50 Prozent Zustimmung der populärste Politiker Belgiens, trat zum ersten Mal in mein Blickfeld, als er in Zusammenarbeit mit dem sudanesischen Geheimdienst Flüchtlinge zurückschaffen ließ – die im Sudan daraufhin vom Regime gefoltert wurden. Als im Mai schließlich die immer weiter aufgerüstete belgische Polizei ein zweijähriges kurdisches Flüchtlingsmädchen erschoss, schien der Höhepunkt der Menschenverachtung erreicht.

Das Interessante jedoch ist: Der belgische Migrationsminister und die N-VA gerieten zwar unter Druck, im Endeffekt jedoch steigerten die beiden Vorfälle nur ihre Popularität. »Irgendjemand muss ja die schmutzige Arbeit machen«, sagte mir der Minister zwischen den vielen Telefonaten mit seinem Präsidenten, der parallel zu unserem Gespräch am EU-Gipfel teilnahm. Schmutzig, aber irgendwie auch normal: Während noch vor 15 Jahren die Idee von geschlossenen Auffanglagern oder Deals mit nordafrikanischen Regimes als Tabu galten, hat es der EU-Gipfel von vergangener Woche zum offiziellen Programm erklärt. Selbst der Präsident der Sozialistischen Partei Belgiens, den ich am Vorabend meiner Debatte zur Vorbereitung traf, befürwortet Lager in den EU-Anrainerstaaten. Die »Festung Europa« ist Common Sense, die politischen Streitpunkte betreffen bloß noch Verfahrens- und Diskursfragen.

»Historisch betrachtet, war die Flüchtlingspolitik das Laboratorium der Barbarei. Erst zielt die Aufhebung der Menschenrechte nur auf Migranten – und irgendwann auf die gesamte Bevölkerung«, schreibt Daniel Binswanger. Diese Strategie hat in der vergangenen Woche eine neue Dimension erreicht.

DIE LAUFMASCHEN IM ALLTAGSGEWEBE

Schauspieler:innen gelten als besonders extrovertiert. Das muss so sein, wie sonst könnten sie jeden Abend vor Hunderten von Menschen auf der Bühne stehen? Zumeist endet die Extrovertiertheit, wenn das zweite oder dritte Entspannungsbier nach der Vorstellung getrunken ist. Man könnte sogar sagen: Umso introvertierter ein:e Künstler:in in der Wirklichkeit, umso extrovertierter ist er oder sie vor Publikum.

Ein bekanntes Theaterproblem: Die sensibelsten Menschen verwandeln sich, sobald die Scheinwerfer angehen, zu mehr oder weniger eindimensionalen Schreimaschinen. Der Großteil meiner Proben besteht deshalb aus Lockerungsübungen. Wir reisen, wir treffen alle möglichen Leute, und die Schauspieler:innen berichten von ihren Absonderlichkeiten und Obsessionen. Ziel meiner – falls man das so nennen kann – Methode ist es, Bühnen- und Alltagsperson zur Deckung zu bringen.

So erfährt man oft das Absonderlichste voneinander. Gestern überreichte mir eine Schauspielerin, mit der ich gerade an meinem neuen Stück »Der Genter Altar« arbeite, eine Liste mit 42 Punkten. Es ist eine über die Jahrzehnte entstandene Auflistung von Dingen, die sie unerträglich findet. Dazu gehören eine bestimmte Art ihres Bruders, die Gabel zu halten, ein »klickendes« Geräusch, das ihr Vater beim Schlucken macht, die unbewusste Unart ihres Ehemanns, bei Tisch mit dem Fuß zu wippen – immer mit dem rechten Fuß, und immer genau einmal, mit langen Pausen, wie jemand, der im Schlaf zuckt.

Also alles alltägliche Dinge, die gerade deshalb besonders entnervend sind, weil sie unbewusst geschehen. Es sind die Laufmaschen im Gewebe des Alltags, die sich – Höhepunkt des Perfiden – ständig wiederholen. Und selbstredend sind es die Menschen, die man am meisten liebt, die einen am effektivsten auf die Palme bringen. Wie der große Schriftsteller Harold Brodkey einmal gesagt hat: Das Verwirrende an den Menschen, die wir lieben ist, dass sie sich nicht ändern können.

Was mich angeht, so habe ich wenige, dafür extrem ausgeprägte Aversionen im Bereich der Mikro-Gestik. Ich hasse, wie wohl jeder, neurotisches Räuspern und Hüsteln. Ich mag es nicht, wenn Leute sich den Teller zurechtdrehen, bevor sie essen. Geradezu persönlich nehme ich die Art und Weise, wie einige – zum Beispiel Mitreisende im Zug – ihre Laptop-Tastatur traktieren. Zur Weißglut bringen mich dabei die kleinen Trommelwirbel, die jeweils ein oder zwei Wörter umfassen und im aggressiven Anschlagen der Leertaste enden: ein Lärm, der auf mich wie eine Beleidigung wirkt. Natürlich sind das alles Dinge, die ich selbst mache: neurotisch hüsteln, auf die Tastatur trommeln, laut schlucken. Es bleibt mir, als Regisseur, nichts anderes übrig, als dieses wundersame Gewebe aus Klarheit und Körperlichkeit, aus Entnervtheit und Verzeihen auf die Bühne zu bringen – so, wie es ist.

ZUCKER FÜR DEN AFFEN

Ich erinnere mich an die erste Geschichtslektion an der St. Galler Kantonsschule. »Ich bin kein strenger Lehrer«, sprach der Geschichtslehrer, »sondern ein sehr strenger.« Dann bat er uns, die Aufgabenhefte zu zücken und sämtliche Prüfungen des ersten Halbjahres einzutragen. Das war Anfang der 90er, und mit der üblichen Verspätung hatten sogar in der Ostschweiz alternative Erziehungsmethoden Einzug gehalten. Womit ich sagen will: Der Geschichtslehrer war verhältnismäßig streng.

Beim Deutschlehrer durften wir zum Beispiel am späten Nachmittag, wenn die Konzentration ohnehin weg war, mit geschlossenen Augen auf dem Boden liegen. Wie Johanna von Orléans auf dem Schlachtfeld wandelte er zwischen den Körpern seiner Schüler:innen umher und skandierte Schiller-Balladen. Der Chemielehrer hinwiederum hielt an Jubeltagen Diavorträge über seine Trekkingausflüge nach Nepal, die er mit psychedelischer Musik untermalte.

Das alles ist nichts gegen die Erlebnisse meiner Frau, die in Köln aufs Gymnasium ging. Kurz vor der Wende befand sich dieses wie der ganze deutsche Bildungssektor in der schlaffen, sympathischen Hand von Alt-Hippies. Während ich auf dem St. Galler Domplatz unter der Aufsicht von Priestern die »Carmina Burana« einstudierte, ging sie mit ihren Lehrer:innen auf Die-Toten-Hosen-Konzerte. Unser Gesangslehrer tigerte in Offiziersuniform durch die Reihen und kontrollierte, ob auch niemand nur die Lippen bewegte.

Der Gesangslehrer meiner Frau hingegen riss, war er im Rausch der Folk-Melodien, den Gürtel aus der Hose und schwang ihn wie ein Lasso über dem Kopf.

St. Gallen ist die Hochburg aller abgelebten Traditionen, nicht zufällig ist unsere wichtigste Sehenswürdigkeit eine Mumie in der Stiftsbibliothek. Trotzdem reagierten die meisten meiner Lehrer:innen, als in den frühen 90ern Kurt Cobain, Christoph Blocher, Quentin Tarantino und Jörg Haider ihren Siegeszug antraten, eher populistisch auf das finale Kapitel im Untergang des Abendlands. Anders ausgedrückt: Sie lieferten dem Affen der späten Postmoderne Zucker. Die einen als übertriebene Traditionalist:innen, die anderen mit vielleicht etwas ungeschickten Remixes des Lehrplans.

Der liebste unserer Lehrer:innen war der Geschichtslehrer. Nicht weil er der strengste war, denn das war er nicht. Nein, es war die Art und Weise, wie er die Tatsachen selbst sprechen ließ. Wie er auf Analyse setzte, wie er sich mit uns in die Lehren der Vergangenheit vertiefte, während seine Partei, die FDP, draußen in der Umarmung von Toni Brunners SVP verröchelte.

Das ist nun über 20 Jahre her. Unterdessen ist das alte Europa still entschlummert, zwischen den Trümmern tanzen die neuen Sammlungsbewegungen. Manchmal wünsche ich mich zurück an die St. Galler Kantonsschule: Damals, als Blocher den EU-Beitritt verhinderte und wir über die Französische Revolution diskutierten. Obwohl auch das Teil des Problems war.

DANK AN DIE FLEDERMAUS

Vor ein paar Tagen bekam Denis Mukwege, Gynäkologe in Bukavu, Ostkongo, den Friedensnobelpreis. Wenn man ihn treffen wollte – und das wollte ich öfters, da ich nicht weit von seiner Klinik am »Kongo Tribunal« arbeitete –, musste das jeweils um 7 Uhr früh geschehen. Anschließend arbeitete er bis zum Einbruch der Nacht. Zuletzt traf ich ihn im vergangenen Sommer, als wir in einer Kirche über meinen Film diskutierten. Mukwege wurde von Blauhelmen begleitet: Kurz vor unserer Diskussion war ein Anschlag auf sein Haus verübt worden.

Denn wie alle Menschen, die sich einer Sache wirklich verschreiben, wird er von vielen geradezu gehasst. Das sollte verwunderlich sein: Mukwege ist besessen von seiner Klinik, in der er vergewaltigte Frauen behandelt, und kein zweiter Mensch in dem Land hat so viel Gutes getan. Seine Energie und seinen Wunsch aber, die Welt zu verbessern, können sich viele nur mit persönlicher Gier erklären. Seine kluge Strategie hinwiederum, den kongolesischen Bürgerkrieg durch internationale Lobbyarbeit zu bekämpfen, wird ihm als Narzissmus ausgelegt.

Deshalb freut es mich unsäglich, dass Mukwege den Nobelpreis bekommt und sein Name nun in einer Reihe mit Namen wie Elie Wiesel oder Nelson Mandela stehen wird. Niemand hatte ihn auf dem Schirm, im Gegensatz zu so absurden Kandidaten wie Donald Trump oder Kim Jong-un. Mukwege ist ein Mann wie aus einem alten Buch. Einer, der seine Arbeit tut, weil sie getan werden muss – eine Arbeit, die unsäglich anstrengend und gefährlich ist. Doktor Mukwege ist gerade darum ein Held unserer Zeit.

In sehr viel profaneren Bereichen bewegte ich mich heute: Ich ging mit meinen beiden Töchtern auf die Demo zur Erhaltung des Hambacher Forsts (»Hambi« genannt), der für den Braunkohle-Abbau abgeholzt werden soll. Tausende von Menschen versammelten sich mitten im Rheinischen Braunkohlerevier zu einem großen Protestzug. Was erstaunlich und berührend ist, denn wegen der Abriegelungsstrategie der Polizei musste man bis zu zehn Kilometer zu Fuß über Feldwege und stillgelegte Autobahnen zum Versammlungsplatz gehen.

Man fühlt sich im Braunkohlerevier gleichsam in rechtloses Gebiet versetzt, in die Gold- und Coltanminen des Kongo. Ganze Dörfer verschwinden, die Firmen haben eigene kleine Flugplätze, die Landschaft gleicht einer Wüste. »Mir kommt es vor«, sagte meine jüngere Tochter, die ein selbst gebasteltes »Hambi bleibt forever«-Schild schwenkte, »als seien wir gar nicht mehr in Deutschland«.

Übrigens wurde die Abholzung des Hambacher Forsts gestoppt. Nicht wegen unserer Proteste oder anderer Heldentaten: Forscher:innen haben eine seltene Fledermaus im Forst entdeckt. Ihr Name wird auf keiner Liste erscheinen, das interessierte sie sicher auch nicht. Ich aber winke ihr an dieser Stelle kameradschaftlich zu: Danke, Fledermaus! No pasarán!

IM KÖNIGREICH DER ANGST

Vergangene Woche verbrachte ich in Magna Graecia, einer Region im tiefsten Süden Italiens. Vor 3000 Jahren gründeten die Griechen hier Kolonien, lange vor dem Aufstieg Roms und ein Jahrtausend bevor unsere Vorfahren in die heutige Schweiz einwanderten. Das waren die Helvetier, ein Stamm aus dem Dunkel der Vorgeschichte. Nur deshalb namentlich bekannt, weil sie von Julius Cäsar in der heutigen Westschweiz angesiedelt worden waren.

Im Winter ist Magna Graecia, berühmt für seine alten Tempel und Amphitheater, ein trostloser Ort. Die Tourist:innen sind verschwunden, die Tomaten- und Weizenplantagen abgeerntet, ab Mitte Oktober setzt beständiger Regen ein. Die Kälte und die Nässe dringen durch die Jacke in die Kleider, auf die Haut, schließlich in die Gedanken.

Wir recherchieren aktuell in den Flüchtlingslagern der Region für einen Jesus-Film. In unserer Adaption des Evangeliums sollen – historisch korrekt, denn Jesus und seine Apostel waren die Underdogs des römischen Imperiums – alle Rollen von Verlierern der heutigen Weltwirtschaft gespielt werden: von den durch die Getreideimporte in Konkurs gegangenen süditalienischen Bauern, von arbeitslosen Jugendlichen und den in Italien gestrandeten Flüchtlingen aus Afrika.

Letzteren geht es besonders übel. Sie überdauern den süditalienischen Winter in aufgegebenen Rohbauten, in den Ruinen ehemaliger

Bauernhäuser, in Holzbuden unter freiem Himmel. Ihre Flucht nach Europa hat sie ein Vermögen gekostet, die Rückkehr ist unmöglich, oft wäre sie tödlich. Wer das Glück hatte, auf dem Weg nach Europa den libyschen Sklavenhalter:innen zu entkommen, arbeitet im Sommer für ein paar Euro pro Tag auf den Tomatenfarmen. Im Winter bleibt ihnen nichts, als sich zu verstecken.

Denn wo die Griechen einst die Demokratie etablierten, hat der italienische Innenminister Matteo Salvini ein Königreich der Rechtlosigkeit und der Angst geschaffen. Die offiziellen Auffanglager wurden aufgelöst, wegen des Dublin-Abkommens können die Flüchtlinge das Land nicht verlassen. Sie stecken fest, können weder vor noch zurück. Da in Italien auch der Flüchtlingsstatus gerade abgeschafft wird, sind sie das, was man im Mittelalter »vogelfrei« nannte.

Salvini, der von einer »kontrollierten ethnischen Säuberung« Italiens spricht, fällt im heutigen Europa gar nicht weiter auf. Während die Österreicher:innen sich aus dem UNO-Migrationspakt zurückziehen, machen wir Schweizer:innen, Nachfahren der Helvetier, uns daran, mit der Selbstbestimmungsinitiative die Menschenrechte und damit die letzten Schutzmechanismen für Flüchtlinge auszuschalten.

So verraten wir das Erbe der alten Griechen nicht nur. Wir werfen es weg, ohne Not. Um es biblisch zu sagen: Man wird uns einst daran erkennen, wie wir mit den Ärmsten, den Schutzlosesten umgegangen sind.

ES HAT SICH GELOHNT

Gestern wäre mir in St. Petersburg beinah ein von der EU-Kommission verliehener »Europäischer Theaterpreis« überreicht worden. Beinah, weil ich selbst nicht dort war. Denn seit meinem Film »Die Moskauer Prozesse« vor fünf Jahren, eine Art Volksprozess gegen das aktuelle Regime, kann ich nicht mehr in Putins Reich einreisen. Wobei niemals offiziell bekannt gegeben wurde, dass ich auf der schwarzen Liste stehe. Nur klappt es einfach nie.

Diesmal zum Beispiel war das erste Einladungsschreiben »inkorrekt«, das zweite wurde wochenlang nicht bearbeitet. Erst einen halben Tag vor der Verleihung erhielt ich plötzlich die überraschende Nachricht, ich könne in die russische Botschaft in Antwerpen kommen. Nur war ich da leider nicht in Belgien. Und um nach St. Petersburg zu reisen, war es sowieso zu spät.

Einmal sagte mir ein russischer Botschaftsangestellter, als ich ihn nach dem Grund für meine Probleme fragte: »Sie können sich ja googeln.« Denn wer meinen Namen auf Russisch googelt, findet unter anderem auch Porträts von mir mit der Unterzeile: »Er hasst unser Land.« Was völlig absurd ist, kaum ein Land liebe ich so sehr wie Russland, schon als Kind lernte ich die Sprache Tolstois. Aber nicht jede Liebe ist gegenseitig: Als ich letztes Jahr ein Stück in Russland zeigen wollte, schaffte es nicht mal das Bühnenbild über die Grenze.

Doch das alles ist irrelevant angesichts der Tatsache, dass der oppositionelle russische Regisseur Kirill Serebrennikow, der den

Europäischen Theaterpreis vor einem Jahr erhalten hat, momentan aufgrund grotesker Anklagen vor Gericht sitzt. Die Idee der EU-Kommission, ihre diesjährige Preiszeremonie gerade in Russland stattfinden zu lassen, führte deshalb zu folgender diplomatischer Verwicklung: Niemand durfte über Kirill Serebrennikow ein Wort verlieren, gleichzeitig sollte die vereinende, demokratische Kraft des europäischen Theaters gefeiert werden.

Als ich den Organisator:innen deshalb Mitte der Woche meine Dankesrede schickte, war ihr Verhalten simpel: Sie brachen jeglichen Kontakt zu mir ab, Mails und Telefonanrufe blieben unbeantwortet. Kein Wunder, die Rede war eine einzige Solidaritätskundgebung für Serebrennikow. Erst als ich sie veröffentlichte und ein Jurymitglied sie ins Russische übersetzte, wurde der Druck zu groß. Bei der Verlesung selbst ließ der Dolmetscher alle Passagen, die von Serebrennikow handelten, unübersetzt. Was in etwa so war, als läse man Tolstois »Anna Karenina« vor, ohne Anna Karenina ein einziges Mal zu erwähnen.

So absurd war das, dass die Veranstaltung schließlich zu dem wurde, was sie sein sollte: eine komplett chaotische Solidaritätsveranstaltung für Kirill Serebrennikow. Selbst, wenn ich jetzt wohl ein paar weitere Jahre nicht nach Russland werde reisen können: Es hat sich gelohnt!

ALGORITHMUS DES ZEITGEISTES

Als ich gestern von einer Wanderung im Alpstein nach St. Gallen zurückkam, sprachen mich in der Bahnhofshalle zwei Damen an. Ich sei doch Mitglied beim Literaturclub, welches denn mein Lieblingsbuch des Jahres 2018 gewesen sei? Und was ich von der Spiegel-Affäre halten würde?

Bekanntlich hat der Spiegel-Reporter Claas Relotius über Jahre Protagonist:innen und Tatsachen erfunden: Trump-Wähler, Hinrichtungs-Junkies oder syrische Flüchtlingskinder: Relotius hat sie beschrieben, nur leider gab es sie oft nicht. Obwohl sich anhand dieses fast schon klassischen Falls vortrefflich über Fake News und undurchsichtige Machtstrukturen im Journalismus philosophieren ließe, interessiert mich etwas anderes: die literarische Qualität von Relotius' Reportagen.

Sein Kunstanspruch, das Schönschreiben, habe Relotius zum Wahrheitsverdreher gemacht, so der Spiegel in einem epischen Mea culpa vergangene Woche. Die Begründungen für die Preise hinwiederum, die er mit seinen Reportagen reihenweise abräumte, lesen sich wie Nobelpreis-Laudationes. Interessant ist es, sie im Wortlaut zu genießen: Als »überraschend« und »authentisch« wird eine Reportage seltsamerweise gerade dann gefeiert, wenn Relotius alles genau so ausmalt, wie man es sich eh vorgestellt hat. Trump-Wähler tragen in seinen Texten Nazi-Tattoos und hassen Mexikaner, Syrer wiederum gehen »geduckt, da sie sonst Kugeln treffen könnten«, durch »völlig stille« Ruinenstädte. Man wird den Verdacht nicht los, »Relotius« sei in Wahrheit ein von Linguisten programmierter Algorithmus: So überraschungslos sind seine Texte – und passen deshalb immer wie die Faust aufs Auge der kollektiven Vorstellungskraft.

Und hier liegt ihr literarisches Problem: Gerade da diese Reportagen vom Zeitgeist selbst verfertigt sind, müssen sie literweise mit privater Erlebnis-Sauce übergossen werden. Relotius ist dafür nur ein Beispiel: Das Deprimierende am Magazinjournalismus sind ja nicht die Fakten, sondern die sogenannten Einstiege. In diesen nähern sich Herr Meier und Frau Müller in entnervender Zeitlupe ihrem Thema. Egal, ob es sich um das Haus eines Interviewpartners in einem Vorort oder ein kurdisches Kriegercamp handelt: Dem Leser oder der Leserin werden in biederer Ordentlichkeit die Farbe von Tapeten und T-Shirts, das Minenspiel irgendwelcher Nebenfiguren und die Gespräche mit Taxifahrern verabreicht. Was die Sache erst recht geistlos macht.

Womit wir bei der zweiten Frage der – übrigens nicht erfundenen, aber überflüssigen – zwei Damen aus dem Einstieg dieser Kolumne wären: nach meinem Lieblingsbuch des Jahres 2018. Nun, das ist einfach: Ich empfehle den »Widersacher« von Emmanuel Carrère. Es ist ein Faktenroman, eine große Reportage, eine Recherche. Keine Sekunde stellt sich die Frage, ob alle Fakten wahr sind, denn »wahr« ist dieser Text auf einer ganz anderen Ebene – so unwahrscheinlich, unfassbar und zugleich so normal und alltäglich ist alles, was Carrère beschreibt. Dieser Text sagt einfach, was ist – und lässt uns gerade deshalb in den Abgrund des Menschenschicksals blicken.

2019

JESUS UND DIE MAFIA

Vergangenen Donnerstag geschahen zwei Sachen, eine gut, die andere nicht. Die gute zuerst: Der flämische Kulturminister, Sven Gätz, entschuldigte sich bei einer Debatte in unserem Genter Theater für die Verbrechen, die Belgien in seiner ehemaligen Kolonie, der heutigen Demokratischen Republik Kongo, zu Beginn des 20. Jahrhunderts verübt hatte.

Anlass war der Report einer UNO-Expertenkommission, der vor einer Woche veröffentlicht wurde und die Grausamkeiten untersuchte, die auf den kongolesischen Kautschuk-Plantagen geschehen sind. Ob durch direkte Tötung oder durch Hunger und Krankheit: In der Zeit der Herrschaft des belgischen Königs über den heutigen Kongo starben geschätzt zehn Millionen Menschen.

Offiziell entschuldigt hat sich ein belgischer Politiker dafür noch nie, deshalb waren die Zeitungen in den letzten Tagen voll von der – nur politisch belangreichen – Entschuldigung des Kulturministers. Wie absolut unverarbeitet der Genozid in Belgien ist, zeigt der Stand der Debatte. In allen großen Städten stehen Standbilder des massenmörderischen Königs. Wichtige Straßen und Plätze sind nach ihm benannt, was in etwa so ist, als hieße der Berliner Platz der Republik Adolf-Hitler-Platz. Einem besonders zynischen Standbild, auf dem nackte Kongolesen König Leopold huldigen, wurde von Aktivist:innen eine Hand abgeschlagen: Das geschah in der Kolonie jenen Sklavenarbeitern, die nicht genug Kautschuk ablieferten.

Auf der Bühne wurde nun am Donnerstag dem Kulturminister die abgeschlagene Hand überreicht. Er könne sie zurückhaben, wenn er sich im Namen seiner Regierung entschuldigen würde. Was er, wie gesagt, tat. Doch die Beschäftigung mit der Vergangenheit ist nur ein Anfang. Während wir im warmen Theatersaal diskutierten, erreichte mich eine andere Nachricht: In Süditalien war gerade das größte wilde Flüchtlingslager, das Borgo Mezzanone, aufgelöst worden. Die italienische Polizei und Armee hatten die mehreren Tausend Einwohner deportiert und ihre Häuser dem Erdboden gleichgemacht.

In diesem Lager drehen wir seit Januar mit afrikanischen Flüchtlingen einen Jesus-Film. Wie ihre Vorfahr:innen sind die Darstellenden Sklavenarbeiter:innen, nur nicht auf heimischen Plantagen, sondern auf den italienischen Tomaten- und Orangenfarmen. In einer Art umgedrehtem Kolonialismus werden nicht mehr die europäischen Unterdrückungsstrukturen nach Afrika transportiert, sondern die afrikanische Arbeitskraft nach Europa geschleust.

Der italienische Innenminister Matteo Salvini illegalisiert die Flüchtlinge, kaum sind sie eingetroffen, und macht sie so verfügbar für den von der Mafia kontrollierten Markt. Was kann man tun, um das neokoloniale System aus Verdrängung und Illegalisierung zu durchbrechen? »That's not so fucking simple«, antwortete der Kulturminister auf die Frage. Ein Zitat, das in den Medien für ungeteilte Begeisterung sorgte.

HERKUNFT IST ALLES

Ich hatte immer eine Vorliebe für finstere Bars mit Einzeltischchen, und seltsamerweise hat sich das noch gesteigert, seit ich in Belgien lebe. Es ist kaum etwas so erholsam, wie nach einem Tag voller Proben, Treffen und sonstigem Durcheinander alte Musik zu hören und Unbekannten beim Billard-Spielen zuzuschauen.

Das Volkshuis in Gent – niederländisch für Volkshaus – ist von dieser Art. Anders als das Zürcher Lokal gleichen Namens hat es nie einen Facelift bekommen, meiner Einschätzung nach wurde am Volkshuis seit seiner Gründung nicht einmal ein klein wenig herumgebotoxed. Es hängen Tapeten aus den 60ern, Poster von Serge Gainsbourg und Stadtansichten an den Wänden. Das einzige musikalische Zugeständnis an die Jetztzeit ist ein ab und zu zwischen die Rockklassiker gestreuter Indie-Song neueren Datums.

Vor einigen Tagen stand ich an der Bar im Volkshuis, als mein Nebenmann mich fragte, woher ich sei. Ich antwortete wahrheitsgetreu: »Aus St. Gallen in der Schweiz.« Worauf der Mann erwiderte, es tue ihm leid, doch kein Land sei ihm mehr zuwider als die Schweiz mit ihrem absurden, in der Dritten Welt zusammengeräuberten Reichtum. Die Schweiz, sagte ich, während ich ihm den Arm auf die Schulter legte, sei zum Glück sehr klein. Es gebe nur eine Handvoll Schweizer, in globaler Perspektive zudem prozentual immer weniger. Das beruhigte ihn, und unser Gespräch versickerte.

Das Interessante ist: Diese Begegnung ist eine absolute Ausnahme. Normalerweise bricht Jubel aus, gibt man sich als Schweizer zu erkennen. Egal, ob an einer Straßensperre in Palästina oder in einer Bar im Kongo: Meine belgischen, deutschen oder syrischen Freunde sind mit allen möglichen Vorurteilen konfrontiert. Ich selbst werde meistens freundlich durchgewunken, sobald mein roter Pass aufblitzt.

Denn wir leben in einer Zeit, in der Herkunft alles ist. Dabei geht es nicht darum, wer man tatsächlich ist. Es geht ausschließlich um die Vorurteile, die sich in der Welt über die eigene Heimat festgesetzt haben. Die meisten Nationen sind vorurteilstechnisch an ihre düstere Vergangenheit und die jeweils auf spezifische Weise scheiternde Politik gekettet. Wir Schweizer dagegen haben uns aus Heidi, Bruno Ganz und Roger Federer eine weltweit akzeptierte, durch alle Realpolitik unerschütterliche Marke konstruiert.

Insofern gleicht die imaginäre Schweiz dem Volkshuis: aus der Zeit gefallen und auf volksnahe Weise exzentrisch. Ja, die richtige Schweiz ist anders, komplexer, fieser, aber darauf kommt es nicht an. Vielleicht ist das ja der Grund, warum ich so gern ins Genter Volkshuis gehe: Das Interieur könnte man so auch in St. Gallen oder Olten finden. Jeder sitzt an seinem Tischchen und schweigt. Und selbstverständlich darf auch der übel gelaunte Intellektuelle an der Bar nicht fehlen.

GAS GEBEN MIT ZITTRIGEN FINGERN

Wir leben in einer Zeit der absichtlichen Missverständnisse, der Rufmordkampagnen und des Shamings. Aktuell besonders beliebt ist die sogenannte Trauerkritik: »Wie kannst du um Notre-Dame trauern, wenn gleichzeitig Aleppo komplett zerstört wird?« Auf Platz zwei steht ein Klassiker: das seit vielen Jahren beliebte Bashing des »weißen alten Mannes«. Da das Adjektiv »weiß«, wie der 73-jährige Roger Schawinski vor ein paar Tagen richtigerweise bemerkt hat, im schweizerischen Kontext wenig Sinn macht: Was ist so schlimm an alten Männern?

Selbstredend: Wir nerven alle. Frauen genauso wie Männer, Kinder genauso wie Greise, Homosexuelle genauso wie Heteros, Linke wie Rechte. Meistens nervt uns, was sich wiederholt und was wir zudem von irgendwoher kennen. Ein einziger nervöser Huster ist egal, ein ständiges Husten nervt. Zudem erinnert es uns auch noch an jenen Onkel, der uns schon als Kind ins Ohr gehüstelt hat. Wir alle sind eben nicht so einzigartig, wie wir gern wären.

Warum aber nerven alte Männer besonders? Zum einen aus strukturellen Gründen. Nicht der konkrete »alte Mann« nervt, sondern das Patriarchat als Herrschaftsstruktur. Bequem herumsitzen, ungefragt die Welt erklären und peinliche Scherze machen – wer sich an diese Insignien männlicher Macht nicht erinnert, soll mal wieder »Mad Men« gucken. Doch lassen wir das Strukturelle mal beiseite.

Was mich angeht, wäre da zuerst der Tastenhacker. In jedem Bahnabteil gibt es ihn: den Leiter irgendeines mittelständischen Unternehmens, der Zahlenreihen in eine Excel-Tabelle hackt, als ginge es um die Rettung der Welt. Der triumphierende Schlag auf die Return-Taste ist sein Markenzeichen. Dann der Räusperer: Er leidet unter einer permanenten Kröte im Hals, und mindestes alle 15 Sekunden will er sich davon befreien. Das wäre nicht so schlimm, wäre da nicht diese spezifische tonale Qualität. Ein echtes Altmänner-Räuspern klingt, als verberge sich dahinter ein feuchter, lustvoll zelebrierter Schrei. Unmöglich, sich in seiner Nähe auf etwas zu konzentrieren.

Die allerschlimmste Geisel der Greise ist aber die Harley-Davidson. Es gibt nichts Traurigeres als die in frisches schwarzes Leder gekleideten Gruppen von Pensionären, die sonntags auf ihren Maschinen ausfahren. Zudem nichts Lauteres. Ich wohne an der Kölner Stadtautobahn, und jeden einzelnen Motorradgreis hört man über viele Minuten hinweg. Wie oft sind meine Töchter, wenn zittrige Finger und gichtige Füße Gas gaben, aus dem Schlaf geschreckt!

Ich weiß: Diese Beobachtungen sind niveaulos. Zudem spreche ich, wie so oft, über mich selbst, auch ich bin ein Mann und werde nicht jünger. Für jeden Räusperer und jeden sinnlosen Monolog muss ich auf der Probe 50 Cent bezahlen. So haben es die Dramaturginnen bestimmt.

BIN ICH EIN VAMPIR?

Als ich mit meinem Team das Genter Theater übernahm, haben wir ein Manifest veröffentlicht. Ein Punkt in diesem lautet: Alle Proben sind offen, auch für Kritiker:innen. Normalerweise achten Theater darauf, dass es keine Zeug:innen gibt, falls wieder mal alles durcheinandergeht. Ihre Mitarbeiter:innen verpflichten sie zu Stillschweigen. In Gent ist es genau umgekehrt. Was wäre ein Stadttheater, wenn nicht jede:r hineinschauen und darüber schreiben könnte?

Manchmal werden wir vor irgendwelche ideologischen Wagen gespannt oder unter dieselben geworfen. Zumeist wird bloß vereinfacht. Aus ein paar Stunden Probenbesuch wird ein Gesamtbild, aus fragmentarischen Einblicken ein »So läuft das in Gent«. Fast egal, wie gut recherchiert ein Text ist: Immer würde man gern »Das ist doch nicht mal die halbe Geschichte!« rufen. Was vor allem eine Frage der Eitelkeit ist.

Warum ich hier darüber schreibe? Dieses Wochenende ist im Magazin der Süddeutschen Zeitung eine epische Reportage erschienen zum Stück »Orestes in Mosul«, das wir vergangenen Monat in der ehemaligen Hauptstadt des Islamischen Staats produziert haben. Viele Dinge sind nur angerissen, andere sehr ausführlich erzählt. Doch gerade in der Komposition von Raffung und (auch moralischer) Genauigkeit werden Dinge deutlich, die man im ganzen Durcheinander übersehen hätte. Dramatisierung heißt ja Ordnung.

»Er ist ein Vampir«, befindet ein Schauspieler in dem Text über mich und wohl über alle, die an einem Projekt beteiligt sind, in dem das Leid eines Landes in ein Theaterstück einfließt. Der Dramaturg von »Orestes in Mosul« seinerseits empfindet, während er unermüdlich an der Inszenierung feilt, seine Arbeit völlig zu Recht als zutiefst fragwürdig und ausbeuterisch. Die Produktionsleiterin wiederum wünscht mir in der Reportage »den Tod«, während sie mir zugleich (wie ich erst gestern erfuhr) einen missglückten Bombenanschlag verheimlicht, um mich »nicht bei der Arbeit zu stören«.

Wohl selten ist das Theater, dieses Widerspiel von Arbeitsrausch und Selbstzweifel, von Befreiung und Zwang, diese unablässige Produktion von Widersprüchen besser auf den Punkt gebracht worden. Sind wir Theatermacher tatsächlich »Vampire«? Ja, das sind wir und nichts anderes. Nicht nur, weil wir alle, die mit uns in Berührung kommen, aussaugen, oft 16 Stunden am Tag. Sondern auch, da unser Material das Leben und die Körper der Beteiligten selbst sind.

Es mag ein Klischee sein, aber Klischees sind eben wahr: Theater ohne totale Gemeintheit, ohne existenzielle Gefährdung geht nicht. Gestern beispielsweise drohten zwei Schauspieler eine Stunde vor einer Aufführung meines »Genter Altars« mit der Abreise. Wir stritten lange, schließlich siegte die Solidarität. Dann spielten sie den besten Abend, den ich je gesehen habe.

DEM FISCHER HÄTTE ES GEFALLEN

Die Liebe der Italiener zum Kino ist unerschütterlich. In den meisten Ländern Europas hat man nur Probleme, dreht man im öffentlichen Raum einen Film. In Italien dagegen kann man Statist:innen direkt aus der Bar casten. Und wenn man wie wir einen Jesus-Film dreht, fliegen einem alle Herzen zu – was in meiner Karriere eher selten ist.

Vor zwei Tagen etwa fragten wir einen Fischer nach seinem Boot, um die Szene zu filmen, in der Jesus über Wasser geht. Seither weicht der Mann nicht mehr von unserer Seite. Nur meine zugegeben wenig sorgfältig ausgewählte Kleidung deprimiert ihn. Ein Regisseur muss in Italien Anzug und Krawatte tragen, wie einst Pasolini oder Fellini. »Die kennen Sie doch?«, fragt er mich fast stündlich verzweifelt, als spräche er mit einem Analphabeten.

Die italienische Begeisterung fürs Kino hat übrigens nichts damit zu tun, dass ein Dreh hier etwas Besonderes wäre. Das süditalienische Matera, wo die zentralen Szenen unseres Jesus-Projekts entstehen, hat sogar einen eigenen Filmminister. Aktuell arbeitet Mel Gibson in der Gegend an der Fortsetzung von »Die Passion Christi«, im Juli entsteht hier die neue James-Bond-Folge. Auch das kleinste Dörfchen hat mindestens eine:n Oscarpreisträger:in.

Mein Lieblingsregisseur ist jedoch nicht Italiener, sondern Schwede: Ingmar Bergman, der Meister des deprimierenden Beziehungsdramas. Einen seiner berühmtesten Filme hat er über einen Mann gedreht, der an der südschwedischen Universität Lund zum

Ehrendoktor ernannt wird. Und man mag es glauben oder nicht: Wenige Tage vor meiner Abreise nach Italien wurde mir am gleichen Ort der gleiche Titel verliehen, von der Kunst- und Theaterabteilung.

Vier Stunden lang saß ich auf einem Stuhl in der Kathedrale von Lund und machte ein ernstes Gesicht wie der Schauspieler aus dem Bergman-Film. Die Zeremonie war auf Latein, und obwohl ich diese Sprache an der Kantonsschule St. Gallen fast sieben Jahre lang studiert habe, verstand ich kein Wort. Dem italienischen Fischer hätte es gefallen: Ich musste nämlich einen Frack mit Fliege tragen.

Auf dem anschließenden Bankett beklagte sich der Mann der Dekanin bei mir, seine Landsleute seien – ich zitiere – »ein kulturloses Volk«. »Wir haben in tausend Jahren nur Abba, Strindberg und Bergman hervorgebracht«, sagte er zerknirscht. Ob Ingmar Bergman in der Schweiz bekannt sei? Ich antwortete, das wisse ich nicht, immerhin sei er mein persönlicher Lieblingsregisseur. Und fragte, wie die Schweden ihrerseits zur Schweizer Regielegende Jean-Luc Godard stünden?

»Wer?«, fragte der Mann, als hätte ich den Namen eines seltenen Milchsäurebakteriums genannt. Nun ja: Die Schweden sind ein kulturloses Volk – und wir Schweizer sind nicht besser. Ich empfehle deshalb allen Regisseur:innen, in Italien zu arbeiten.

DIE LEKTION DER KINDER

Momentan probe ich ein Stück mit dem Titel »Familie«. Auf die Idee dazu bin ich zufällig gekommen. In einem Pausengespräch vor etwas mehr als einem Jahr erzählte mir eine Schauspielerin, ihr Mann sei ebenso Schauspieler, zusammen hätten sie zwei Töchter. Spontan fragte ich sie, ob sie auf der Bühne stehen wollten – alle vier, als Familie. Die Schauspielerin fragte ihre Familie, und nach einigem Überlegen sagten sie Ja.

Mich interessiert die Konstellation, da meine Frau und ich ebenfalls zwei Töchter haben. Das Milieu ist vergleichbar: kleinbürgerlich, mitteleuropäisch, künstlerisch. Nur sind die Kinder der Schauspielfamilie schon etwas älter, bereits junge Teenager. Die Proben sind für mich wie ein Blick ins eigene Leben und zugleich ein Ausblick auf das, was in ein paar Jahren kommen wird: die Teenager-Zeit und damit die ersten wirklich entschiedenen Absetzbewegungen von der Welt der Eltern.

In vielem erkenne ich mich selbst. Da wäre zum Beispiel der Hang zu langen Monologen und die damit verbundene Idee, jede zufällig erlebte Banalität halte eine moralische Lektion für die Kinder bereit. Dabei denkt und lebt wohl niemand schärfer und radikaler als ein Teenager. Wie klar in diesem Alter die Widersprüche des Menschenschicksals, die Zwillingsgestalt von Moral und Amoral hervortreten, wie unendlich klug gerade dieser Zustand ist, der alles und nichts will, so vieles ausprobiert und alles anzweifelt, vor allem sich selbst! Dagegen sehen die Gewissheiten von uns Erwachsenen nur noch schal aus: eine rhetorische Masche, mit der man sich den Zustand, in den man sich hineingelebt hat, irgendwie erklärt.

Da die Familie einen mysteriösen Mordfall auf der Bühne nachspielt – 2007 erhängte sich eine vierköpfige Familie in Calais, ohne dass je herausgefunden wurde, warum –, gelten viele unserer Probentage der Frage nach dem Suizid. Warum sollte man freiwillig aus dem Leben treten? Anders gefragt: Warum lebt man immer weiter? Die Antworten der Eltern sind absehbar, eben das, was ich selbst auch gesagt hätte. Die beiden Kinder dagegen befragen den Sinn des Lebens, als wären sie die ersten und letzten Menschen – zwei von bald acht Milliarden.

Gestern googelte das Ältere der Mädchen – eine grandiose Schneiderin mit düsteren Neigungen – für uns die Weltbevölkerungsuhr. »Die Uhr schaue ich mir an, wenn ich nicht schlafen kann«, sagte sie. Es ist zugleich entspannend und deprimierend, den Tod und die Geburt als ein Zucken von ein paar Pixeln im Halbsekundentakt vorgeführt zu bekommen. Das Einzige, was uns rettet, dachte ich da, ist die Liebe. Die Liebe macht uns einzigartig. Eine banale Weisheit, klar, die man zuletzt von seinen Eltern vorgesetzt bekommen will.

THEORIE UND PRAXIS

Als bekannt wurde, dass Lukas Bärfuss den Büchnerpreis bekommt, lief mein Telefon heiß. So wie sonst bei Abstimmungen wollten deutsche Redaktionen ein »persönliches Essay« von mir. Das hätte Sinn ergeben: Ich verfolge die Arbeit von Bärfuss seit Jahrzehnten und bewundere sie sehr. Trotzdem lehnte ich ab.

Zum einen, weil es schnell gehen musste, ich aber gerade in Proben steckte. Zudem dachte ich mir: Was kann ich schon über Lukas schreiben, außer dass ich seine Arbeit großartig finde? Wäre meine Sicht auf ihn, so unterschiedlich wir sind, nicht unterlegt von falschen – eben meinen eigenen – Ideen über seine Motive und Absichten? Gerade als Praktiker fühlte ich mich unberufen, über einen anderen Praktiker zu sprechen.

Dabei sind es die Schriftsteller:innen und Regisseur:innen, die wirklich etwas über ihre Kolleginnen und Kollegen zu sagen hätten. Denn die Probleme sind für uns alle die gleichen. Seit ich Intendant bin, sehe ich Regie-Altmeister mit Dingen kämpfen, die man nach der ersten Produktion für abgeschlossen halten würde. Als Künstler:in steht man immer völlig am Anfang. Ich glaube, man versteht dieses Ausgesetztsein nur, wenn man es tagtäglich selbst erlebt.

Erinnern Sie sich an die Kritiken an Madonnas aktuellem Album? Oder an die Verrisse des letzten Films von Lars von Trier mit Bruno Ganz? Die Texte lasen sich, als sprächen kluge Kinder über Sex. Da war unfassbar viel Besserwissertum und Bashing drin,

20-Jährige rieten Madonna, mit dem Singen aufzuhören. Was fehlte, war die Demut, die Einfühlung, oder mit anderen Worten: die eigene Erfahrung.

»Wer es kann, der tut es; wer es nicht kann, der lehrt es«, lautet ein bekanntes Sprichwort an Kunsthochschulen. Selbstverständlich ist das Bild vom Kritiker als verhindertem Praktiker ein Klischee. Meistens trifft der umgekehrte Fall zu: Godard, Barnes, Hemingway, Zola, alle waren sie zuerst Journalisten oder Kritiker. Und gerade deshalb: Man bringe endlich zusammen, was zusammengehört! Journalisten, singt! Wissenschaftler, dichtet!

Ein grandioses Beispiel einer Doppelbegabung ist übrigens Lukas Bärfuss selbst. Sein Buch »100 Tage« über die Verwicklung der Schweiz in den ruandischen Genozid ist, obwohl Literatur, die wohl härteste Kritik der Schweizer Entwicklungsarbeit, die ich kenne. Als ich in Kigali ein paar Jahre nach seiner Veröffentlichung ein Stück inszenierte, traf ich den Pressesprecher des ruandischen Präsidenten – ein ungemein kluger Mensch, sonst wäre er auch nicht der Propagandachef des pedantischsten Politikers Afrikas.

»Wenn Sie als Schweizer ein Buch über den Genozid an den Tutsi lesen wollen, lesen Sie dieses«, sagte er mir. Er dachte, Lukas Bärfuss sei wirklich ein Entwicklungsarbeiter gewesen. Und genau das ist große Literatur: den Grad an Einfühlung zu erreichen, in dem eine fremde Erfahrung zur eigenen wird. Ich gratuliere zum Büchnerpreis!

DAS WICHTIGSTE, WAS WIR HABEN

»Wenn man mit Milo arbeitet, dann weiß man erst fünf Minuten vor der Premiere, wie ein Stück aussehen wird«, sagte kürzlich einer meiner Lieblingsschauspieler einer Zeitung. Das ist sehr diplomatisch ausgedrückt: Ich habe auch fünf Monate nach der Premiere keine Ahnung, wie meine Stücke aussehen sollen. Auf der Bühne ist jeder Moment der erste, nichts bleibt. »Das Leben ist das, was passiert, während man andere Pläne hat«, lautet ein Sprichwort. Und genauso ist es im Theater.

Wenn mich deshalb ein Schauspieler oder eine Schauspielerin fragt, wie ein bestimmter Satz gesagt werden soll, antworte ich daher: »Mach, was dir richtig scheint. Und dann schauen wir zusammen weiter.« Regieführende können Schauspielenden technische Hinweise und Sicherheit geben. Die Wahrheit eines Vorgangs oder eines Gefühls kennt aber nur der oder die Darstellerin selbst. Weshalb ich jedem Regisseur und jeder Regisseurin eine einzige Regel ans Herz lege: Suche Menschen, denen du wirklich zuschauen willst. Dann vertraue ihnen.

Momentan arbeite ich mit einem Heer von ungefähr 150 Darstellenden an einem Bibelfilm, in Matera, wo Pier Paolo Pasolini einst das »Matthäus-Evangelium« verfilmte. Einige von Pasolinis Schauspieler:innen sind auch bei mir dabei, etwa sein Jesus, der bei uns Johannes den Täufer spielt. Oder der Bürgermeister von Matera, ein unterdessen 84-jähriger Mann, der Simon von Cyrene geben wird, der Jesus das Kreuz abnimmt. Andere Rollen werden von Flüchtlingen gespielt, Polizist:innen, arbeitslosen Stahlarbeiter:innen, Pensionär:innen, Türsteher:innen.

»Ich glaube nicht, ich fühle religiös«, hat Pasolini einmal gesagt. Wenn man mit Laien einen Film dreht, beginnt man an die Heiligkeit des Lebens zu glauben. Man fühlt einfach, man sieht, dass jede:r der erste und der letzte Mensch ist. Schaue ich meinen Darstellenden zu, wie sie die Texte der Evangelien sprechen, wie sie dem Heiligen Wort Leben einhauchen, ist es, als würde meine Seele gewaschen – gereinigt von all dem narzisstischen Small Talk und den respektlosen Scheindebatten, die unser katastrophisches Zeitalter begleiten.

Nehmen wir etwa unseren Judas, gespielt von einem Nigerianer: ein ehemaliger Lehrer, der bis vor kurzem in einem von der Armee geschlossenen Flüchtlingslager lebte. Auch nach zwanzig Jahren Arbeit mit Schauspielern ist es eine Offenbarung, ihm bei der Interpretation dieses komplexesten Charakters der Bibel zuzuschauen. Wie sein Gesicht, wenn die Kamera läuft, plötzlich alles weiß. Wie er auf geheimnisvolle Weise versteht, wie ein liebender und wie ein letzter Blick aussieht. Was Verrat, was Schuld und was Einsamkeit ist.

Denn das ist das Wichtigste, das wir haben, während sich im Ozean eine Plastikinsel dreht, so groß wie Europa: den Mut, den Schmerz, die Anmut, die Großzügigkeit, die Würde des Lebens wieder zu entdecken. Und vor allem den Respekt fürs Dasein, der zuerst Respekt für jeden Einzelnen ist.

WIE SIMPEL UND MENSCHLICH

Vor zwei Jahren brachte ich in Zürich Pier Paolo Pasolinis Folterfilm »Die 120 Tage von Sodom« mit den Schauspielerinnen und Schauspielern des Theaters Hora auf die Bühne, dessen Ensemblemitglieder gemäß Wikipedia alle eine »geistige Behinderung« haben. Während der Proben schauten wir uns einen anderen Film des italienischen Regisseurs an: »Das Matthäus-Evangelium«.

Ich erinnere mich, welchen Eindruck dieser so pure Schwarzweißfilm aufs Hora-Ensemble machte. Einige protestierten lautstark, als Jesus von den jüdischen Priestern und dem römischen Statthalter verurteilt wurde. Andere begannen zu weinen, als er gepeinigt und gekreuzigt wurde. Dieser über zweistündige Film – ein Meisterwerk, 55 Jahre alt – löst beim »normalen« Publikum nicht selten Langeweile aus. Bei Menschen mit »geistiger Behinderung« jedoch führten die Bibelszenen zur natürlichsten Reaktion: Wut und Mitleid.

Jetzt, da ich gerade in Matera, dem Drehort, meinerseits das »Neue Testament« mit Flüchtlingen und Kleinbauern verfilme, erinnere ich mich an die damaligen »Sodom«-Proben. Nicht nur, weil ich mir Pasolinis Jesus-Film in den letzten Wochen mehrfach angeschaut habe: in improvisierten Screenings in den Flüchtlingslagern und immer wieder mit den Techniker:innen auf Drehortsuche.

Nein, vor allem deshalb, weil mir auf einmal bewusst wurde, wie simpel und menschlich Pasolini alles inszeniert hat. Warum der Film so stark wirkt. Wie in meinem Film sind alle Rollen mit Leuten besetzt, die Pasolini auf der Straße traf, die ihn instinktiv interessierten. Und das macht seinen Bibelfilm nur scheinbar zu einem Film über einen Gott. Es ist ein Film über die Menschen, die darin spielen.

Kein Regisseur arbeitet so ausführlich – und dramaturgisch völlig sinnlos – mit Großaufnahmen wie Pasolini. Wenn Jesus spricht, sieht man über die Hälfte der Zeit seine Zuhörer: Leute aus dem Volk, Leute mit zerfurchten Gesichtern, Freunde von Pasolini. Man erkennt die Liebe, mit der die Kamera auf die Darsteller:innen schaut. Und man erkennt, dass ein Bibel-Film, der nicht frömmlerisch und scheinheilig ist, nur davon handeln kann.

Die schönste Anekdote erzählte mir der Bürgermeister von Matera. Der 84-Jährige war schon bei Pasolini als Statist dabei. Bei uns spielt er Simon, der Jesus hilft, das Kreuz zu tragen. Pasolinis Jesus, erzählte er mir, hängt Matera zugewandt am Kreuz: sterbend schaut er auf die Stadt, auf die Menschen. Was filmisch eher ungünstig ist, da so nur entweder der Heiland oder die Jerusalem-Kulisse sichtbar wird. In Mel Gibsons »Passion Christi«, ebenfalls in Matera gedreht, ist die Stadt dagegen nur Kulisse: der gekreuzigte Christ hängt mit dem Rücken zur Menschheit.

Es war diese Zugewandtheit – diese ganz einfache und direkte Sympathie –, die die Hora-Spieler zu Tränen rührte. Und selbstverständlich wollten alle unbedingt Jesus spielen.

ZEHN MINUTEN BIS BRÜLISAU

Kürzlich wurde ich von einer Zeitschrift gefragt, was ich lese, wie viel, wann und so weiter. Ich erzählte also von meiner Liebe zu Pasolini, zu Claude Simon, zu Anne Carson, zu Harold Brodkey, zu Joan Didion und einer ganzen Reihe weiterer Autor:innen. Mit wem ich gern einen Abend verbringen würde? Meine Antwort an die Journalistin: mit Goethe, Schiller und Kleist.

Tatsächlich gibt es intellektuell wenig interessantere Kombinationen als die drei Klassiker: Sie widersprechen sich in fast allem, worauf es in der Kunst ankommt. Nur: Wann habe ich zuletzt ein Buch von Goethe oder Schiller in der Hand gehabt? Überhaupt einen Klassiker? Gerade komme ich von einer Wanderung durch den Alpstein zurück. Meine ältere Tochter nimmt im Deutschunterricht das Thema »Balladen« durch. Bei den steilen Abstiegen trug sie mir ab und zu »John Maynard« von Theodor Fontane vor, den Gesang über den heldenhaften Steuermann auf dem amerikanischen Eriesee: »Und noch zehn Minuten bis Buffalo!«

In der Nacht davor hatte ich nicht schlafen können. Da die Wirtsstube verschlossen war, ging ich in den Schuhraum, um zu lesen. Wie in jedem Appenzeller Hotel gibt es drei Bücher mit Sicherheit: ein Witzebuch, ein Bergsteiger-Buch und einen historischen Roman. Also las ich zuerst in einem Buch mit dem Titel »Der alte Mann und der Berg« über die Erstbesteigung des Mount Everest und dann einen in schnörkelloser Sprache verfassten Roman über das Schicksal der »letzten Hexe des Appenzellerlands«. Der Titel des Buchs lässt einen feministischen Roman aus den 80ern vermuten, dieses Hexenbuch fokussierte aber ausschließlich auf die Ingredienzen der Zaubertränke und die Details der Folter. So verging meine Nacht im Schuhraum recht altmodisch zwischen alten Männern und gefolterten Frauen.

Es gibt einen Text, der heißt: »Was die Deutschen lasen, als Goethe, Schiller und Kleist schrieben.« Von Goethes Büchern wurde ausschließlich der »Werther« zum Bestseller, den er mit 24 schrieb. Alles spätere fand zu seinen Lebzeiten keinen nennenswerten Absatz mehr. Kleist hingegen war schon glücklich, wenn seine Bücher überhaupt gedruckt wurden, er starb komplett unbekannt. Und während Schiller mit der »Maria Stuart« oder dem »Wallenstein« völlig unbemerkt das Historienstück neu erfand, lasen die Deutschen pornografische Ritter- und Räuberromane in Riesenauflagen.

In der Literaturwissenschaft gibt es ein Konzept: den idealen Leser, der alle Querverweise versteht und sich fantastisch unterhält, wenn es bildungsbürgerliche Zitate hagelt. Das Problem ist nur, dass solche Literatur nicht in Appenzeller Schuhräumen lagert – und an keinem der Orte, an denen der schlaflose Wanderer Zeitvertreib sucht. Was man gern lesen würde und was man zur Hand hat: zwei Dinge. Appenzell ist eben nicht das klassische Athen. Oder wie meine Tochter auf der Wanderung Fontane abwandelte: »Noch zehn Minuten bis Brülisau.«

DER GEIST VON MOSSUL

Vor ein paar Tagen wurde ich von der Unesco zum beratenden Direktor der Theater- und Filmabteilung des »Revive the Spirit of Mossul«-Programms ernannt. Es ist, so sagte man mir, das bisher größte Kulturprogramm seit Gründung der Unesco. Insgesamt 150 Millionen werden in den Wiederaufbau Mossuls investiert: der Stadt, in welcher der selbsternannte Terror-Kalif Bagdadi im Sommer 2014 den Islamischen Staat ausgerufen hatte.

Das Programm fokussiert vor allem auf den Aufbau der im Häuserkampf während der Befreiung komplett zerstörten Mossuler Altstadt. Das Problem dabei ist jedoch: Es gibt in ganz Mossul, der zweitgrößten Stadt des Irak und der ältesten der Welt, nur sieben Gebäude in öffentlicher Hand. Da die Unesco nicht in privates Eigentum investieren kann oder will, rückt das »immaterielle Kulturgut« – also Theater, Film, Literatur, Musik – in den Vordergrund: eben der »Geist« Mossuls. Und da ich einer der ganz wenigen westlichen Künstler bin, der überhaupt länger in der nordirakischen Stadt gearbeitet hat, wurde ich als Mittelsmann angefragt – passenderweise genau einen Tag bevor von den USA der Tod Bagdadis bekannt gegeben wurde.

Denn Bagdadis Kulturkonzept war das Gegenteil von dem der Unesco: Seine Leute sprengten unter anderem die Mossuler al-Nuri-Moschee und das dem biblischen Propheten Jona gewidmete Heiligtum. Und so sitze ich mit unseren Mossuler Partnern an einem Plan.

Die Kunstakademie, eher dem Namen nach existent, soll endlich mit Mitteln ausgestattet werden, zudem wird es verschiedene Programme zur Förderung von Film- und Theatermachern geben. Gerade noch wurde im Nordirak, wer eine Kamera besaß, von den Jihadisten mit dem Tod bestraft. Nun wird es bald ein Theater, eine Theater- und Filmförderung und vielleicht in ein paar Jahren sogar Festivals geben. Eine Kunstszene, die 16 Jahre Besatzung durch extremistische Milizen überlebt hat, soll auf feste Füße gestellt werden.

Doch öffnet sich der Abgrund, aus dem Mossul vor knapp zwei Jahren auftauchte, gerade wieder. Der Angriff der türkischen Armee auf die Kurden nordöstlich Mossuls stürzt die ganze Region ins Chaos. Aus bombardierten Gefängnissen fliehen Jihadisten und schließen sich mit ihren untergetauchten Kollegen zu Kampfgruppen zusammen. Im Internet tauchen die triumphierenden Gesichter jener wieder auf, die Menschen am Straßenrand zum Spaß exekutieren. Was vermag da schon Theater, Film und Musik?

»Wenn ich gezwungen wurde, eine Fahne des IS zu grüßen, dann tat ich es«, sagte mir Suleik, Mossuler Musiker und Schauspieler, mit dem ich für mein Stück »Orest in Mossul« zusammenarbeite. »Aber innerlich dachte ich: Fuck you! Und dann ging ich in den Keller und spielte meine Oud.« Eine Moschee oder eine Kunstakademie können gesprengt werden. Künstler wie Suleik aber werden nie aufgeben.

KULTURKAMPF IN FLANDERN

Vor zehn Tagen erschütterte eine Neuigkeit die belgische Region Flandern: Die neue rechtsliberale Regierung unter dem N-VA-Ministerpräsidenten Jan Jambon kürzt am Anfang des Jahres 2020 das Budget der großen Kulturinstitutionen um 3 bis 6 Prozent, die freie Projektförderung sogar um 60 Prozent. Insgesamt werden 22 Millionen Euro gestrichen. Zum ersten Aktionstag, einberufen in Brüssel, erschienen über 2000 Kulturschaffende aus dem ganzen Land. Unter der Losung #thisisourculture laufen seither Aktionen aller Art.

Fast ungläubig wurde vor diesem Hintergrund vergangenen Freitag in Flandern die Meldung aufgenommen, dass die deutsche Bundesregierung ihre Ausgaben für Kultur um zusätzliche 54 Millionen steigert – auf insgesamt über 2 Milliarden. »Die künstlerische Avantgarde belebt den demokratischen Diskurs«, wird die deutsche Kulturstaatsministerin Monika Grütters in einer Pressemitteilung zitiert. Und sie hat recht damit, niemand ist ein so guter Verbündeter für die offene Gesellschaft wie eine freie Kulturszene. Das weiß auch die flämische Rechte, die die Avantgarde ein für alle Mal loswerden will.

Denn im Gegensatz zu Deutschland oder der Schweiz, die über ein sehr enges Netz von Stadttheatern verfügen, liegt die Stärke der flämischen Kunstproduktion in der freien Szene. Es gibt in ganz Flandern nur drei Stadttheater – eines davon ist das NTGent, das ich leite. All die großen Namen der flämischen Kunst kommen aus der freien Szene. Mit anderen Worten: Eine radikale Kürzung der freien Projektförderung, einhergehend mit einer Schwächung der festen Institutionen, bedeutet das Ende der Performance-Geschichte in Flandern. Und beides ist nur das letzte Kapitel einer seit über zehn Jahren anhaltenden Sparwelle im flämischen Kultursektor.

Dabei produziert ironischerweise keine andere Branche der belgischen Wirtschaft so viel Mehrwert und sorgt derart kostengünstig für internationale Ausstrahlung. Ein Brief internationaler Kuratoren von der Tate Modern bis zu den Wiener Festwochen an den Ministerpräsidenten Jambon fasste all diese Argumente zusammen, garniert mit eigentlich rechtsliberalen Trigger-Wörtern wie »flämische Emanzipation« und »internationale Exzellenz«. Was vor 15 Jahren noch keinem Linken über die Lippen gekommen wäre, ist längst gängige Rhetorik im Kunstsektor.

In Dutzenden von weiteren Statements und offenen Briefen bemühen sich die Künstler:innen, ihre Verbundenheit mit Flandern zu unterstreichen. Aber neoliberale und identitäre Gleichschaltung reicht den Rechten nicht mehr. Man will die Avantgarde, auch wenn sie ausgewiesen flämisch und ökonomisch exzellent ist, weghaben. Einfach deshalb, weil sie »den demokratischen Diskurs belebt«. Während in Ungarn, Brasilien und neuerdings auch in Bolivien faschistische Regierungen an der Macht sind – um nur ein paar Beispiele zu nennen –, geht nun der Kulturkampf in einer europäischen Hauptstadt in die letzte Runde.

Denn es geht bei den Kürzungen um mehr als um »künstlerische Experimente«, wie die rechte Propaganda glauben machen will. Es geht um den Erhalt einer demokratischen Kunst jenseits von Opernhäusern und Kriegsdenkmälern. Wenn wir diesen Kampf nicht gewinnen, sind all unsere anderen Kämpfe um Gleichberechtigung oder Diversität sinnlos.

ANTIGONE IM AMAZONAS

Vergangenen Sommer brannte in Nordbrasilien der Urwald. Wie sich bald herausstellte, hatten von den großen Agrokonzernen bezahlte Banden die Feuer angezündet: um mehr Weideland für Rinder, mehr Anbauflächen für Soja-Monokulturen aus den Wäldern zu schneiden. Vor allem war es eine Gelegenheit, den Lebensraum der indigenen Völker Amazoniens zu zerstören und damit ihren Widerstand gegen die zahllosen Großprojekte der Regierung Bolsonaros.

Als ich vor einer Woche nach Marabá – einer Stadt an den südlichen Ausläufern des Amazonas – flog, waren im Waldland immer noch riesige Brände zu sehen. Zusammen mit Indigenen, Aktivist:innen und Schauspieler:innen aus Europa und Brasilien verfilmen wir in den nächsten Monaten auf einer besetzten ehemaligen Rinderplantage die »Antigone« des Sophokles. Es ist die Geschichte des Tyrannen Kreon, der seine Macht um jeden Preis erhalten will, und Antigones, die sich ihm widersetzt. Eine junge Indigene wird Antigone spielen, der Chor besteht aus Überlebenden eines Massakers der brasilianischen Regierung an Kleinbauern. Kreon, das Prinzip der Macht und der Verwertung, wird dagegen durch eine Europäerin dargestellt: durch meine Lieblingsdarstellerin Ursina Lardi.

»Ungeheuer ist viel, aber nichts ist ungeheurer als der Mensch«, so heißt es in einem der berühmten Chorgesänge des Stücks. Die Hybris der alten Griechen, die in Holzbooten über das Mittelmeer fuhren oder sich mit einfacher Medizin gegen den Tod wehrten, erscheint aus heutiger Sicht fast kindlich. Es ergreift einen dagegen ein kosmisches Grauen, denkt man daran, wie im Amazonas die ganze Menschheit ihrem Untergang entgegenwankt: blind wie die selbstgerechten Held:innen der griechischen Tragödien. Direkt neben dem besetzten Landgut frisst sich die größte Eisenerzmine Lateinamerikas in den Wald, riesige Staudammprojekte trocknen die Flüsse aus, täglich werden von Bolsonaros Milizen Umweltaktivisten ermordet.

Die Zeichen der Apokalypse sind überdeutlich: Im August regnete es Asche auf São Paulo. Mitten am Tag wurde es Nacht, der Windstrom, der seit Urzeiten Regen aus den Wäldern Amazoniens in den Süden bringt, brachte Dunkelheit und Feuer. Die traditionelle Wissenschaft und die Weisen der indigenen Völker geben, in ungewöhnlicher Übereinstimmung, dem Ökosystem des Amazonas noch zehn Jahre. Ist bis dahin nicht eine grundsätzliche Umkehr geschafft, so kippt es. Und zwar irreversibel, was bedeutet: nach menschlichen Maßstäben für immer. Das größte, komplizierteste und wichtigste zusammenhängende Ökosystem des Planeten wird dann verschwinden. Es ist, als hörte das Herz der Erde auf zu schlagen – in zehn Jahren!

»Im Süden Brasiliens halten sie uns für Wilde aus den Wäldern. Aber nun drehen wir einen Film«, sagt mir bei einer der Diskussionen lachend und zugleich bitter eine indigene Aktivistin. In den Händen dieser »Wilden«, die Bolsonaro in jeder seiner Reden verspottet, liegt die Zukunft der Menschheit.

UND DANN DAS SCHWARZE NICHTS

Oft werde ich gefragt: Warum immer so drastisch? Warum spielen in »Five Easy Pieces« Kinder die Geschichte eines Kindermörders? Warum darf in »Breiviks Erklärung« ein Terrorist seine Theorien erläutern, warum wird im »Genter Altar« die Schlachtung eines Lamms gezeigt?

Momentan probe ich an einem Stück mit dem Titel »Familie«. Die Geschichte ist so simpel wie rätselhaft: Vor sieben Jahren erhängten sich an einem Abend in Calais zwei Eltern und ihre Kinder. Eine völlig durchschnittliche Familie aus dem Mittelstand, mit den üblichen Hobbys von Theatergruppe bis Spaziergängen am Meer. Keine Krankheiten, keine Depressionen, keine Drogen, keine Scheidung, keine Rachegelüste – nichts von alldem, was man üblicherweise aus Familiendramen kennt.

»Es tut uns leid, wir haben es vermasselt«, hieß es in ihrem Abschiedsbrief, daneben standen noch ein paar Hinweise, was mit ihren Hunden geschehen sollte. Bei unserem Stück ist, wie beim Fall selbst, nur das Ende drastisch. Man schaut sich eine echte Familie an – ein Schauspieler:innenpaar und seine Töchter –, wie sie aus ihrem Leben erzählen und den letzten Abend verbringen. Auf den Videos gucken sie Videos, essen zusammen, telefonieren. Wie jede Familie. Nur dass sie sich am Ende all dieser Banalitäten eben erhängen.

»Warum sich nicht gleich umbringen, wenn man sowieso sterben muss«, meinte eine der Töchter während der Proben, »es gibt sowieso viel zu viele Menschen auf der Welt.« Nun entzündete sich an der Tatsache, dass die Hängung selbst in ganzer Länge gezeigt wird, eine Debatte im Team. Die Belgier:innen seien ein melancholisches Volk, deshalb gute Künstler:innen, aber eben auch europaweit auf Platz eins im Bereich Suizid. Die Hängung einer Familie zu zeigen, könne eventuell ein Ansporn sein.

In Wahrheit verhält es sich gerade umgekehrt: Sieht man, wie sich eine Familie erhängt, die man vorher kennengelernt hat, dann wird aus einer romantischen Geschichte eine schreckliche. Sich erhängen heißt äußerst langsam und qualvoll zu sterben, und was die Kinder angeht, ist es sogar Mord. Der Tod, der in so vielen Kunstwerken von Shakespeares »Romeo und Julia« bis zu jedem zweiten Hip-Hop-Song verherrlicht wird – von den gerade in Belgien so einflussreichen Selbstmordvideos der Jihadisten ganz zu schweigen –, ist einfach nur Schmerz. Und dann das schwarze Nichts.

Kurz gesagt: Über Suizid auf der Bühne zu sprechen, ohne zu zeigen, was er wirklich ist, wäre unverantwortlich. Es wäre wie ein Kriegsfilm, der keine Leidenden zeigt – eine verlogene Ästhetik. Man kann es radikal nennen, aber es ist nötig, sich wie in unserem Stück »Breiviks Erklärung« ausführlich mit den Gedanken eines Terroristen zu konfrontieren, um zu wissen, was man darauf antworten kann. Es ist nötig wie im Stück »Genter Altar« die Schlachtung eines Lamms zu ertragen, um wirklich zu verstehen, was Fleischessen heißt.

Denn Theater ist genau das: Es ersetzt Vorstellungen durch Erleben, halbe Informationen und Vorurteile durch Erfahrung. Ob diese angenehm sind, ist dann wieder eine andere Frage.

2020

SORRY FÜR ALLES

Letztens hörte man viel vom WDR, dessen Kinderchor das satirische Lied »Meine Oma fährt im Hühnerstall Motorrad« passend zur Klimakrise in »Meine Oma ist ne alte Umweltsau« umgedichtet hatte. Daraufhin brach in den Kommentarspalten der Sender-Facebook-Seite ein Shitstorm los, der sofort von den Massenmedien verstärkt wurde.

Ältere Menschen seien beleidigt worden, Kinder instrumentalisiert. Der Intendant des WDR sah keinen anderen Weg, als sich »ohne Wenn und Aber« zu entschuldigen. Womit er zwar die Glaubwürdigkeit des öffentlich-rechtlichen Rundfunks erschütterte und seinem Team in den Rücken fiel, den Shitstorm jedoch über sich hinwegziehen lassen konnte.

Ein kluger Mann: Wir leben in einem Zeitalter der absichtlichen Missverständnisse, der narzisstischen Beleidigtheiten und maoistischen Entschuldigungsrituale. Wer nicht weiß, wann man sich das Mea-culpa-Schild umhängen und mit gebücktem Haupt auf dem Marktplatz erscheinen muss, führt ein Kamikaze-Leben. Weshalb ich hier eine Anleitung zum perfekten »So Sorry« in fünf Schritten geben will.

Erstens: Entschuldigen Sie sich umgehend, am besten präventiv! Warten führt nicht zur Entspannung der Lage, wie rational zu erwarten wäre, sondern wird als Herzenskälte gedeutet. Wenn Sie Pech haben, werden Sie noch vor Ihrer Entschuldigung feiernd in einer Diskothek oder Pizzeria gesichtet. Also: Machen Sie schnell!

Zweitens: Hat man Sie falsch zitiert? Wurden Ihre Worte aus dem Kontext gerissen? Oder haben Sie etwa nicht gesagt, was man Ihnen unterstellt? Ganz gleichgültig, wie absurd die Vorwürfe sind: Suchen Sie auf keinen Fall die sachliche Diskussion! Erklärungen gelten als Rechthaberei, ja Uneinsichtigkeit. Und darauf steht die Höchststrafe.

Drittens: Keine Teil-Entschuldigungen! Schwören Sie Ihren Aussagen zu hundert Prozent ab, selbst dann, wenn Sie sie größtenteils für richtig halten oder gar nicht getätigt haben. Und völlig egal, wie unwichtig oder kompliziert alles ist: Entschuldigen Sie sich »ohne Wenn und Aber«. Keine halben Sachen!

Viertens: Solidarisieren Sie sich mit Ihren selbsterklärten Opfern! Haben Sie Späße über alte Leute gemacht? Dann eilen Sie, wie der vorbildliche WDR-Intendant, sofort ans Krankenbett ihres greisen Vaters. Ist Ihnen eine fiese Bemerkung über Fußballer entrutscht? Erinnern Sie an Ihre Zeit in der vierten Mannschaft des Lokalclubs. Und so weiter.

Fünftens: Bleiben Sie dabei! Wie sich bei der WDR-Affäre zeigte, war der Shitstorm von rechten Netzwerken orchestriert worden, die die öffentlich-rechtlichen Medien eh loswerden wollen. Sollten Sie nicht darauf hinweisen? Geht es hier also nicht eigentlich um die Pressefreiheit? Ja. Aber jetzt geht es um Sie!

Die vorangegangenen Zeilen könnten Spuren von Ironie oder Gesellschaftskritik enthalten. Der Autor entschuldigt sich rückhaltlos und uneingeschränkt bei seinen Leser:innen. Für alles.

»ICH KRIEG DIE WURST!«

Vor ein paar Tagen war ich bei einem Berliner Radiosender in einer Call-in-Show. Ich hatte einen Aufruf unterzeichnet, in dem um die 100 selbst organisierte Clubs, Jugendzentren, Wohnprojekte und Ähnliches in der deutschen Hauptstadt gegen das von Spekulant:innen erzwungene Ende ihrer Mietverträge protestierten. Die Show trug den Titel »Braucht linke Subkultur besonderen Schutz?« Der Titel der Show war völlig irreführend, denn die meisten der Projekte sind weder subkulturell noch links, sondern einfach Nachbarschaftsprojekte. Dass der Wunsch nach entspanntem Miteinander als »links« und »subkulturell« angekündigt wurde, ließ mich Übles erwarten. Denn die Berliner:innen lieben den Streit.

Wobei: Im Grunde sind sie friedlich, sie mögen einfach keine Höflichkeiten, was mich auch nach 20 Jahren noch aus dem Konzept bringt. Ihr Haupthobby ist es, Zugereiste auflaufen zu lassen. In einem populären französischen Reiseführer für die deutsche Hauptstadt heißt es im Vorwort: »Machen Sie vor allem einen Fehler nicht: Lachen Sie nie als Erster.« Ein wichtiger Tipp. Denn in Berliner Läden und Ämtern gilt Lachen nicht als höflicher Eröffnungszug, sondern als Eingeständnis der Schwäche. Wer lacht oder sich – wie wir Schweizer es ständig tun – entschuldigt, sackt sofort zum Klassentrottel ab. Der echte Berliner schreit beim Metzger »Ich krieg die Wurst«, worauf sie ihm widerwillig ausgehändigt wird. Der zugereiste Schweizer hingegen murmelt »Entschuldigung, könnte ich eventuell ein Stücklein von dem Würstchen dort haben?« Womit er in den Augen der anderen aufhört zu existieren.

Ich saß also auf Kohlen, als der erste Anrufer livegeschaltet wurde. Mit brüchiger Greisenstimme führte er sich als »schon etwas älter« ein, worauf mir Schreckliches schwante: der klassische Auftakt einer Zeter-Orgie! Doch dann geschah das Unerwartete. Was hier denn »Subkultur« heiße, wollte der Anrufer wissen, das Präfix »sub« sei herablassend. Er wohne neben einer »Punk-WG«, ihn nerve zwar der Lärm, aber in diesen Projekten liege nun mal das Wesen Berlins. Und ganz allgemein müsse es nun vorbei sein mit den Gemeinheiten der Spekulant:innen.

Und so ging es weiter: volle Unterstützung für die »linken Projekte«, vorgebracht von Leuten, die normalerweise nur ihre Ruhe haben wollen. Am Ende standen mir und der Redaktion die Tränen in den Augen. Die Berliner Unhöflichkeit hatte sich als das erwiesen, was sie eben auch ist: als proletarischer Stolz der Einheimischen, der sich nicht durch den linguistischen und städtebaulichen Sauberkeitsfimmel des internationalen Kleinbürgertums beeindrucken lässt. »Berlin ist nun mal Berlin, das muss man aushalten. Und sonst kann man ja auch verschwinden«, erklärte eine Anruferin geduldig.

»Ich glaube an Konflikt, sonst glaube ich an nichts«, hat der Berliner Autor Heiner Müller mal gesagt. Lebte er noch, hätte er sicher auch angerufen, um den Spekulant:innen die Leviten zu lesen. Und den Aufruf hätte er sowieso unterzeichnet.

UMZINGELT VON MIMOSEN

Seit ich Theater mache, wurden Stücke von mir mit Petitionen belegt. In Brasilien sorgte der Bürgermeister von Rio de Janeiro persönlich dafür, dass drei meiner Performances nicht gezeigt werden konnten, in Paris unterschrieben 10.000 Anhänger:innen einer katholischen Kleinpartei eine Petition gegen meine Arbeit, in Russland darf ich seit meinen »Moskauer Prozessen« nicht mehr einreisen. Und in meiner Heimatstadt St. Gallen wurde vor zehn Jahren das Stück »Der St. Galler Lehrermord« gleich ein ganzes Jahr vor Probenbeginn abgesagt.

Als Begründung wurde jeweils angeführt: zu krasse Szenen würden die Gefühle der Zuschauer:innen und die Würde der Beteiligten verletzen. Nach einem Gespräch mit den Beteiligten – oder einem Probenbesuch – waren diese Projektionen zwar meistens ausgeräumt, nur war der Schaden bereits angerichtet.

Im Vergleich zum offenen intellektuellen Schlagabtausch schafft diese mithilfe moralinsaurer Petitionen oder dekontextualisierter Zitate und Videoausschnitte befeuerte Pseudo-Betroffenheit eine Stimmung der Angst. Umzingelt von Mimosen, die nur darauf warten, etwas absichtlich zu missverstehen, endet die Meinungsfreiheit zwar nicht; irgendwie vergeht einem trotzdem die Lust, sie wahrzunehmen. Denn alles, was man sagt oder tut, kann aus dem Kontext gerissen und gegen einen verwendet werden.

Der berühmteste Fall ist der von Pussy Riot, den ich 2013 in den »Moskauer Prozessen« wieder aufrollte. Die Frauenband war nach einem einminütigen Auftritt in der Moskauer Erlöserkathedrale nicht etwa dafür verurteilt worden, dass sie die Mutter Gottes dazu aufrief, sie vom ehemaligen KGB-Agenten Putin zu befreien. Nein, man warf ihnen völlig absurderweise das Gegenteil, nämlich die »Verletzung der Gefühle Gläubiger« vor. Dass es Pussy Riot darum gegangen war, die skandalöse Allianz zwischen orthodoxer Kirche und Putin-Diktatur anzuprangern und dass zum Zeitpunkt ihres Auftritts die Erlöserkathedrale sowieso leer gewesen war: weg mit diesen unpassenden Kontexten! Die Worte »Gefühle« und »verletzt« reichten aus, die für Putin gefährliche politische Debatte in moralischen Unsinn zu verwandeln – und Pussy Riot zu verurteilen.

Das war vor zehn Jahren, und damals war das noch ein durchsichtiger Trick. Heute ist diese aggressive Hypersensibilität dabei, zum Common Sense zu werden. Kein Stück oder Film kann mehr produziert werden, ohne mindestens fünf Trigger-Warnungen: Wer weiß denn schon, wer eine Szene möglicherweise auf sich selbst bezieht – oder sich gleich, was noch beliebter ist, zur Anwältin instrumentalisierter Opfergruppen aufschwingt? Da lobe ich mir Künstlerinnen wie die Radikal-Choreografin Florentina Holzinger, die vergangene Woche einem Journalisten sagte: »Das Publikum sollte nie wissen, was als Nächstes kommt.«

Als einzige Triggerwarnung schlage ich deshalb vor: Das ist Kunst, es wird verwirrend. Also entspannt euch! Und »ohnmächtig werden oder rausgehen«, wie Holzinger vorausschauend hinzufügt, kann man ja immer.

TRIGGER-WARNUNG ALS LEBENSSTIL

Coronazeit ist Seherzeit, alle sehen jedoch nur, was sie gern sehen möchten. Wer den starken Staat schon immer super fand, sah sich in den letzten Wochen bestätigt. Wer seine Familie hasst, spürte ein Zeitalter der autoritären Nähe heraufziehen. Einige dagegen sprachen von Solidarität, wenn ein paar Leute aus dem Fenster klatschten. Andere hinwiederum sahen überall nur noch Klopapier-Hamsterer.

Schon bald kam die Entwarnung. Der Kaiser Kapitalismus ist nicht nackt: Er lässt nur mal kurz die Hosen runter, damit wir ihm die Rettungspakete besser in den Arsch schieben können. Weshalb sich bereits schleichend ein Sowohl-als-auch-Narrativ durchsetzt: Neoliberalismus ja, aber bitte mit genug Beatmungsgeräten. Erdölindustrie passt, aber nur so halb verstaatlicht bitte. Autoritärer Nationalismus ist okay, aber »zivilisiert«, wie der Soziologe Heinz Bude kürzlich in einem Interview sagte.

Strukturell ist diese Entwicklung am wahrscheinlichsten, debattentechnisch betrachtet dagegen bedauerlich. Die Entweder-oder-Kriegsrhetorik haute dagegen mehr rein. Giorgio Agamben etwa sah, in seinem Zimmerchen im Grand Hotel Abgrund sitzend, einen neuen Faschismus heraufziehen, Slavoj Žižek den Kommunismus. Aber ist eine national begrenzte Variante des Sozialstaats, der auf das flexibilisierte Homeoffice setzt, wirklich Sozialismus – oder nur »National-Sozialismus«? Der narzisstische Wunsch nach Safe Places ist nun epidemiologisch gestützte Staatstheorie.

Nein, meine Lieben, wird nichts mit der Tragik! Corona hat uns in Wahrheit nur noch mehr zu uns selbst gemacht. Der westliche Citoyen, der für ein paar Tage ein hölderlinsches Zeitalter der seelischen Größe heraufziehen sah, blieb an seine Ängste gefesselt. Zehn Jahre Shitstorms und Achtsamkeitsdebatten haben die beiden Gäule Alarmismus und Moralismus nicht müde geritten, sie kommen erst so richtig in Form. Der narzisstische Wunsch nach Safe Places war zwanzig Jahre lang das Steckenpferd rechter und linker Identitätspolitiker:innen, nun ist es epidemiologisch gestützte Staatsideologie. Corona etabliert die Trigger-Warnung als Lebensstil.

Und es ist ja was dran: Die größte Sehnsucht des postmodernen Egos, immerhin potenziell Opfer zu sein, ist endlich real geworden. Wenn auch zum Glück nicht ganz so real: Während wir Intellektuellen zu Hause sitzen, zum fünften oder sechsten Mal Camus' »Pest« online streamen und Solidaritätsaufrufe unterschreiben, hat sich die Globalisierung des Leids beschleunigt. Vor allem ist sie noch einseitiger geworden. Wer sich die Quarantäne nicht leisten kann – also sagen wir mal zurückhaltend 80 Prozent der Menschheit –, der geht nur noch schneller vor die Hunde als vorher schon.

Was kommt also? »Heute Disco, morgen Umsturz, übermorgen Landpartie«, schrieb der großartige Thomas Meinecke vor 40 Jahren. Freiwillige Selbstkontrolle war der ironische Name seiner Band. Heute klingt das wie ein Epochen-Label. Der gute alte Weltgeist allerdings mag keine Safe Places. Er wird früher oder später vorbeischauen im Homeoffice, fürchte ich – und zwar ohne Trigger-Warnung.

WIR SIND NICHT DIE LÖSUNG

Vor gut einem Monat schrieb ich in dieser Kolumne wenig einfallsreich, die meistdiskutierten Texte des Frühjahrs würden »Die Pest« von Camus und »Il Decamerone« von Boccaccio sein. So kam es, der älteste und beunruhigendste Pest-Text der abendländischen Literatur wurde jedoch bisher übergangen: »König Ödipus« von Sophokles. Vermutlich, weil er so düster ist. Während Camus eine Parabel der Solidarität geschrieben hat und auch im »Decamerone« das adlige Personal am Ende reumütig ins verseuchte Florenz zurückkehrt, ist »König Ödipus« eine unverdünnt pessimistische Allegorie des zivilisatorischen Versagens.

Worum geht es? Als in Theben die Pest ausbricht, ruft König Ödipus seine engsten Berater zusammen: Kundschafter, seine Frau Iokaste, ihren Bruder Kreon, den Seher Teiresias. Nach und nach muss er erfahren, dass er selbst Ursache der Krankheit ist. Er hat seinen Vater, den ehemaligen König, erschlagen; Iokaste schließlich ist seine Mutter. Die antiken Zuschauer kannten den Mythos, auch wir kennen ihn spätestens seit Sigmund Freud; interessant ist vor allem, wie Ödipus auf die schrittweise Aufdeckung reagiert: zuerst mit Misstrauen, dann mit Verdrängung, mit Wut und schließlich mit Selbsthass. »König Ödipus« ist eine Pathologie der Negation.

Selbstverständlich liest sich das drei Tage, nachdem Jair Bolsonaro seinen Gesundheitsminister entlassen, und fünf Tage, nachdem Donald Trump die Zahlungen an die WHO eingestellt hat, wie eine

Mitschrift ihrer Tweets: als könnte man ein Unglück abwenden, indem man die, die es bekämpfen, der Lüge bezichtigt. Doch Ödipus ist kein irrer Populist. Er ist ein äußerst rationaler Herrscher mit den besten Absichten. Und gerade weil er gern gut wäre, kann er nicht akzeptieren, dass seine Herrschaft in ihrer Wurzel obszön ist.

»Ödipus« heißt übersetzt: »der, der alles weiss«. Und von der ersten Zeile der Tragödie an wird ihm immer wieder erklärt, was er schon längst verstanden hat: seine Schuld an dem, was er als unverdientes Unglück erlebt. Und hier wird Sophokles' Stück zur Allegorie. Auch wir haben längst begriffen, dass Corona nicht ein »absurdes« Geschehnis ist wie die Pest bei Camus, kein unverdienter »Krieg« der Viren gegen die Menschheit, wie es unsere Regierungschefs erklären – sondern der Payoff einer zerstörerischen Lebensweise. »Am schmerzlichsten aber sind jene Qualen, die man frei sich selbst erschuf«, wie es bei Sophokles heißt.

Und das Ende? Ödipus, Moralist bis zum Schluss, blendet sich und verlässt die Stadt. Doch damit geht es bei Sophokles erst los: Der König mag mit der Vergangenheit durch sein, doch die Vergangenheit nicht mit ihm. Theben versinkt im Bürgerkrieg. Und auch für uns wird es im Herbst nicht vorbei sein. Was wir aktuell erleben, ist bloß die Generalprobe zur Klimakrise. Und es scheint, dass wir wie Ödipus nicht die Lösung sind, was auch immer wir tun – sondern das Problem.

BLEIBEN SIE PARANOID!

Vergangene Woche führte ich mit der Kulturwissenschaftlerin Bénédicte Savoy eine Online-Debatte zum Leben nach Corona. Savoy machte mich dabei auf eine interessante Tatsache aufmerksam: Verschwörungstheorien wie die der »Impfdiktatur« würden vor allem von jenen vertreten, die von der Krankheit nicht betroffen sind. Das leuchtet unmittelbar ein. Dass es eine tödliche Krankheit »nicht gibt« und von elitären Geheimzirkeln »erfunden« wurde, kann nur behaupten, wer selbst verschont geblieben ist.

Deutschland, das weltweit Corona mit am besten gemeistert hat, hat so aktuell konsequenterweise die meisten Anti-Hygiene-Demos zu verzeichnen. In den USA und in Brasilien dagegen, wo Verschwörungstheoretiker:innen sogar an der Macht sind, sorgten über hunderttausend Tote dafür, dass niemand mehr die »Realität« der Krankheit anzweifelt.

Trotzdem steckt in diesen Verschwörungstheorien, behaupte ich, ein Wahrheitskern. Wie in dem bekannten Witz: Nur weil du paranoid bist, heißt das noch lange nicht, dass sie nicht hinter dir her sind. Oder auf Corona bezogen: Die gleichen Megakonzerne, die ihre genetisch veränderten Lebensmittel pausenlos um die Welt fliegen, werden uns bald auch das Heilmittel für die neueste pandemische Folge dieser rücksichtslosen Globalisierung verkaufen. Doch deshalb haben sie Corona nicht selbst entwickelt. Verantwortlichkeit im gefühlten und im juristischen Sinn sind eben nicht das Gleiche.

Womit die zentrale Frage »Wer profitiert davon?« nicht irrelevant wird. Oder besser: Welche inhumanen Strukturen machen die immer gleichen tödlichen Profit-Kreisläufe möglich? Hier sollte der bei aller oberflächlichen Doofheit den Verschwörungstheorien innewohnende Wunsch nach sozialer Gerechtigkeit ernst genommen werden. Sich von etwas in Empörung versetzen zu lassen, ist die Voraussetzung für jede Form des Engagements und damit der Veränderung.

Doch vor allem ist Vorsicht geboten. Machtkritik und Sozialneid wohnen, wie man weiß, nah beieinander. Gefühlte Wahrheiten haben die Eigenart, schnell ungenau zu werden, hinter der erhabenen Klippe der Empörung liegt das verpestete Tal des Ressentiments. Verschwörungstheorien sind, simpel gesagt, die Abfallgrube des engagierten Denkens. Hier vermischen sich Urteil und Vorurteil, berechtigter Einwand und absichtliches Missverständnis.

Schon bei der Pest, die im 14. Jahrhundert wütete, wurde der Bevölkerung schnell klar, dass die rasende Verbreitung der Krankheit mit der schlechten Hygiene und dem entgrenzten Handel zu tun hatte. Es waren eben nicht jüdische »Brunnenvergifter«, die daran die Schuld trugen. Sondern die christlichen Eliten selbst, denen die Gesundheit der Massen völlig egal war – und die die Judenhetze anführten.

Bleiben Sie also bitte paranoid. Empören Sie sich. Schauen Sie sich allerdings sehr genau an, wer hinter Ihnen her ist. Im Zweifelsfall sind Sie es selbst.

HYPERSENSIBEL UND DOCH IGNORANT

Warum, frage ich mich manchmal, sind wir eigentlich immer so schnell beleidigt? In seinem Aufsatz »Das Unbehagen in der Kultur« stellt Sigmund Freud fest, dass wir umso verletzlicher werden, je zivilisierter wir sind. Das klingt erst einmal logisch: Wer Gewalt nicht kennt, empfindet sie, erfährt sie eben doch, als unerhörte, beleidigende Ungerechtigkeit. Je gewaltloser eine Gesellschaft, desto leichter fühlt sich das einzelne Mitglied traumatisiert.

Als Theaterleiter bin ich fast ständig konfrontiert mit dieser aggressiven Hypersensibilität. Spricht jemand explizit über Ungerechtigkeiten oder wird Gewalt offen gezeigt, muss der jeweilige Aufführungsort mit Trigger-Warnungen vollgepflastert werden. Das strukturelle Problem an einer so gelagerten Sensibilität ist, dass sie tatsächlich auf der Externalisierung realer Gewalt basiert. Damit es uns gut geht, muss es anderen weniger gut gehen. Psychologisch ausgedrückt: Je sensibler wir selbst werden, desto irrelevanter muss uns das Leiden jener werden, die uns unsere feinen Gefühle finanzieren.

Egal also, dass unsere Handys, T-Shirts oder Sojadrinks im globalen Süden unter Missachtung aller Menschenrechte produziert werden – solange auf den Etiketten dieser Billigstprodukte keine rassistischen Abbildungen zu sehen sind. Man könnte fast die Regel aufstellen: Je aufgeklärter eine Gesellschaft, desto unreflektierter das Fundament, auf dem sie steht. Die herrschenden Griechen verachteten

Frauen und hielten Sklaven, gleichzeitig erfanden sie die Philosophie, die Demokratie und das moderne Menschenbild. Thomas Jefferson, der Autor der amerikanischen Unabhängigkeitserklärung, in welcher der Satz »Alle Menschen sind gleich geschaffen« steht, war zugleich Sklavenhalter und Gegner der Sklaverei.

Die Reiterstatue des belgischen Königs Leopold II. in Ostende an der Atlantikküste – wo ich oft Ferien mache – bezeichnet ihn als »Besieger der arabischen Sklaverei« im Kongo; um den Sockel sind nackte Schwarze versammelt, die dankbar ihre Hände in die Höhe recken. Diese aber ließen die Emissionäre des belgischen Königs in Wahrheit gern als Strafe abhacken: Auf die Rechnung König Leopolds gehen gemäß kritischen Historiker:innen 10 Millionen Tote im Lauf des kongolesischen Kautschukbooms Ende des 19. Jahrhunderts. Als wir vor einem Jahr dem belgischen Kulturminister eine abgehackte Hand des Standbilds überreichten, schien das ein Spleen einiger Aktivist:innen. In den letzten Wochen sind in ganz Belgien die Statuen König Leopolds besprayt und gestürzt worden: eine längst fällige Geschichtsrevision als modischer Volkssport.

Zu hoffen ist, dass dieser Sport nicht im symbolischen Shaming einiger besonders widersprüchlicher – und längst toter – historischer Figuren stecken bleibt. Dann wäre der Fall der Statuen nur ein weiteres Kapitel der aggressiven Hypersensibilität des Westens. König Leopold: Das sind, ob es uns gefällt oder nicht, wir alle.

WIR SKLAVENHALTER:INNEN

Der Lockdown ist in den meisten europäischen Ländern zu Ende gegangen, und es ist an der Zeit, zu fragen: Was wird anders nach Corona? Angesichts der Entscheidungen, die die demokratischen Staaten bereits getroffen haben: rein gar nichts. Milliardenhilfen wurden für jene Sektoren beschlossen, die an der Zerstörung unserer Lebensgrundlagen den entscheidenden Anteil hatten. Sie können ihre Arbeit nun zu Ende führen: Fluggesellschaften, Erdöl- und Autokonzerne. Dabei haben wir in den letzten Monaten erlebt, wie westliche Gesellschaften kollektiv, rational und solidarisch gehandelt haben. Wir wurden Zeuge, wie eine Ökonomie des Lebens über eine Ökonomie des Mehrwerts siegte, von einem Tag auf den anderen. Plötzlich verhandelten wir über ein bedingungsloses Grundeinkommen, die Finanzeliten einer ganzen Gesellschaft verloren über Nacht ihr gutes Image. Und auf einmal verfügten unsere Staaten wieder über das Geld für ein funktionierendes Gesundheitswesen oder die Unterstützung mittelloser Kleinunternehmer:innen.

Ich erlebte den europäischen Lockdown in Brasilien. Das Ganze wirkte aus Distanz derart unfassbar, dass sich die Sätze, die ich im März in der Quarantäne in São Paulo schrieb, heute lesen wie aus einem anderen Zeitalter.

Die Lehre aus Corona lautet: Alles kann geschehen, ohne dass der Status quo seine Gültigkeit verliert. Das liegt an der Beharrungskraft der Lobby-Gruppen genauso wie an der inneren Gestimmtheit der einfachen Bürger:innen. »Das Ende des Monats interessiert die meisten Menschen mehr als das Ende der Welt«, wie es die große Autorin Annie Ernaux mal formuliert hat. Und was nicht völlig zerbricht, das aufersteht – zumeist mit neuem Namen – aus der Asche.

Vom Untergang Westroms bis zum Wiederaufstieg der italienischen Städte im Spätmittelalter als Träger einer zweiten westlichen Globalisierung inklusive realistischer Kunst und Sklavenhandel dauerte es 1000 Jahre. Aber die Logik war ein und dieselbe. Und auch Corona hat die bestehenden wirtschaftlichen Machtverhältnisse nur untermauert. »Die herrschenden Gedanken sind weiter Nichts als der ideelle Ausdruck der herrschenden materiellen Verhältnisse«, so Marx in der »Deutschen Ideologie«.

Der plötzlich kontemplative Zug der westlichen Eliten während Corona war dafür das schönste und zugleich schrecklichste Beispiel. Die meisten Schweizer:innen erlebten den Full Stop als Befreiung von einem irgendwie seltsamen, da nutzlosen Zwang zur Arbeit. Corona enthüllte die Wahrheit unserer Lebensweise: Die Warenströme aus der Dritten Welt und den kriminell geführten Großkonzernen hielten an, auch wenn wir ein Vierteljahr zu Hause blieben. Trotz hektischer Zoom-Konferenzen waren wir enttarnt als das, was wir sind: Sklavenhalter:innen.

Wie lässt sich die kapitalistische Megamaschine und ihr Denken also stoppen? Wohl nur, indem wir unsere Macht abgeben, sie teilen, und zwar global.

MEIN OSTENDE

Morbide Nordseebäder haben in der Kunstgeschichte als Gegengewicht zum lichtdurchströmten Süden Tradition. Der graue, von schrägem Regen gestrichelte Himmel, die fahle Sonne, die durch vom Wind zerfetzte Wolken fällt, die monotone Wildheit der See: Das hat die Romantiker:innen und Impressionist:innen zu Bildern überwältigender Tristesse inspiriert. Die deprimierendste und damit romantischste Stadt an der Nordsee ist jedoch gemäß allgemeiner Übereinkunft Ostende.

Das erste Mal kam ich vor einigen Jahren wegen eines Sommerfestivals in die Stadt im äußersten Westen Belgiens. Abends guckte ich mir Stücke an, und als ich vormittags in die auch im August eiskalten Wogen der Nordsee stieg, traf ich zufällig einen Schauspieler, den ich eine Woche davor in Brüssel gecastet hatte. Das war, wie ich merken sollte, typisch für diesen Ort am Ende der Welt: Die Strände sind auch in der Hochsaison leer bis Mittag, man erkennt andere Tourist:innen auf mehrere Kilometer. Als ich vergangene Woche dort in den Ferien war, waren meine Frau, unsere Töchter und ich die einzigen Badenden an einem Strandabschnitt so groß wie ein Fußballfeld – womit uns pro Kopf ein:e Rettungsschwimmer:in zur Verfügung stand.

Leerer als der Strand ist nur die Innenstadt, die hinter einer Skyline aus riesigen Hotels versteckt liegt – abgesehen von einem überfüllten Einkaufszentrum, in dem man aufgewärmte Waffeln essen kann. Für Kulturinteressierte gibt es Konzerte in einem an ein stalinistisches Grabmal erinnernden Kurhaus, ein zum Museum umfunktioniertes Fort aus napoleonischer Zeit und die am Atlantik üblichen Nazi-Bunker. Hauptattraktion sind, wie in jeder belgischen Stadt, eine zerfallende Sommerresidenz und eine von Aktivist:innen geschändete Statue des völkermordenden Horror-Königs Leopold II. Ich denke, man versteht, warum ich Ostende der Adria oder gar Ibiza vorziehe.

Auch ein Blick ins Geschichtsbuch zeigt ein erstaunliches Maß an Missgeschick: Ostende trat zweimal in der europäischen Geschichte in Erscheinung, und beide Male wurde es fast komplett zerstört. Das erste Mal besorgten das die Spanier während des holländischen Unabhängigkeitskriegs im 17. Jahrhundert. Das zweite Mal die Royal Airforce 1944, als sie Ostende aufgrund seines strategisch wichtigen Hafens dem Erdboden gleichmachte. Was danach von der einstigen »Königin der Seebäder« noch übrig war, erledigte in den 70ern der Bauboom. Bis in die 90er-Jahre war Ostende noch wegen seiner Fähre nach England vielen Menschen bekannt, schlussendlich wurde auch diese eingestellt.

Nun ist Ostende nur eines: die deprimierendste und damit romantischste Stadt an der Nordsee. Ich lege sie allen ans Herz, die noch keine Ferien gebucht haben im August. Es gibt sicher noch Platz! Mein Geheimtipp: die seltsamste Statue Europas, die im Ostender Stadtpark in einem Pestwurz-Dickicht steht. Sie würdigt einen flämischen Terrier, der 1917 an der Westfront von den Deutschen erschossen wurde.

DIESER GRANDIOSE QUATSCH

Als erstes internationales Sommerfestival nach dem Lockdown finden aktuell die Salzburger Festspiele statt. Dass es gerade in Salzburg wieder losgeht, ist ziemlich verrückt. Denn gemäß Wikipedia handelt es sich dabei um das weltgrößte Theater- und Opernfestival. Allein für die Eröffnungsinszenierung, Richard Strauss' »Elektra«, waren am vorletzten Samstag etwa gleich viele Leute auf der Bühne und im Orchestergraben anwesend wie sonst auf einem kompletten mehrwöchigen Festival.

Zu verschieben waren die Salzburger Festspiele nicht, da sie diesen Sommer ihr 100-Jahr-Jubiläum feiern. 1920 war es, als der Festivalgründer Max Reinhardt die »Jedermann«-Adaption von Hugo von Hofmannsthal auf die Bühne brachte. Eigentlich als Notlösung gedacht – das von Reinhardt tatsächlich gewünschte Stück wurde nicht rechtzeitig fertig –, ist der »Jedermann« bis heute das Herzstück des Festivals und nach Goethes »Faust« das wohl bekannteste und kommerziell erfolgreichste deutschsprachige Theaterwerk der Geschichte.

Was mehr als verwunderlich ist, denn Hofmannsthals allegorisches Volksstück ist eine Ansammlung von Gründen, die gegen es sprechen. Die im »Spiel vom Sterben des reichen Mannes« auftretenden Figuren – »Der Tod«, »Der Glaube«, »Die Werke«, »Die Buhlschaft« – sind im besten Fall hölzern, im schlechtesten lächerlich. Die Botschaft des Ganzen (nur wahrer Glaube an Gott kann den Menschen erlösen) war schon zu Zeiten der Uraufführung zumindest fragwürdig. Unnötig zu sagen, dass jede charakterliche Ausarbeitung der Figuren von der pseudokatholischen Moralkeule niedergemacht wird. Dazu kommt, dass das Stück in einer seltsam artifiziellen Mittelaltersprache verfasst ist.

Kurzum: Alles, was man falsch machen kann, wurde – völlig bewusst übrigens – von Hofmannsthal falsch gemacht. Und trotzdem wird seit einem Jahrhundert jede Besetzungsfrage dieses »Spiels vom Sterben des reichen Mannes« von der internationalen Presse begleitet. In Österreich wissen sogar die Schulkinder, wer den Jedermann oder die Buhlschaft spielt, zu den Aufführungen selbst finden sich selbst in Corona-Zeiten Tausende Menschen auf dem Domplatz ein – dieses Jahr sogar ich, da ich gerade eine Art Variation auf das Stück erarbeite.

Und tatsächlich, die Magie wirkt. Gerade, weil es ziemlich irrelevant ist, in welchem Kleid die Buhlschaft oder der Teufel auftreten, wie genau die eine oder andere Szene aufgesagt wird: Es ist ein kindliches Vergnügen, in der hereinbrechenden voralpinen Nacht zu sitzen und sich diesen grandiosen Quatsch anzuschauen. Und es gibt – wie auch nicht? – diese eine Szene im »Jedermann«, die mich immer aufs Neue tief berührt. Es ist der Moment, in dem die Mutter Abschied nimmt von ihrem sterbenden Sohn. Da geht die wunderbare Edith Clever einfach ganz langsam von rechts nach links über die ewig lange Bühne. Und alles ist erzählt.

MUNDGERUCH DER DEMOKRATIE

Jedes Sommerloch birgt eine Frage, an deren Beantwortung sich der politische Standort des Antwortenden so genau ablesen lässt wie die Körpertemperatur anhand eines Thermometers. Aktuell lautet diese Frage: Was ist die sogenannte »Cancel Culture«? Also die Praxis, Künstler:innen und Intellektuelle, wenn sie nicht auf der gleichen politischen Linie liegen, an der Ausübung ihres Berufs zu hindern. Das geschieht meistens, indem man sie im Netz mit Shitstorms überzieht, bis die klassischen Medien einsteigen – und schließlich der jeweilige Veranstalter einknickt.

Simpel gesagt ist »Cancel Culture« also ein Auswuchs des medialen Meinungskampfs. Je nachdem, ob man mit den Ausgeladenen einverstanden ist, wird man ihr Cancelling als moralisch absolut notwendig oder als grässliche Beschneidung der Kunstfreiheit empfinden – und damit, wie gesagt, nur die eigene politische Position markieren. Interessanterweise spielen sich die heißesten Cancel-Kämpfe deshalb in Graubereichen ab, in denen sich aufgrund von Mehrdeutigkeit die Moral umso mehr erhitzt. Sie beruhen auf instinktiven, in der ersten Hitze der Debatte verkeilten und in der Folge strategisch zementierten Missverständnissen.

In meiner Karriere wurde ich insgesamt vielleicht 50-mal gecancelt. Theater sagten meine Stücke ab, Zeitungen druckten meine Artikel nicht, Länder verweigerten die Einreise. Immer wieder montierten Leute Aussagen aus Interviews oder Schnipsel aus meinen

Filmen, um zu beweisen, dass ich was auch immer für verwerfliche Dinge praktizierte. Ich wurde abwechselnd als Palästina- oder Israelunterstützer, unreflektierter Sexist oder Gendersternchenstalinist, nervender Moralapostel oder zynischer Subventionsvernichter dargestellt – immer das, was dem Mainstream im betreffenden Milieu oder Land gerade als besonders verwerflich galt.

Zum Glück leben wir, was die Folgen von »Cancel Culture« angeht, in friedlichen Zeiten. In der Französischen Revolution lag, wer in einem der revolutionären Clubs niedergeschrien wurde, tags darauf unter der Guillotine. Gemäß der paranoiden Logik der »Cancel Culture« musste der gefeierte Tugendheld von gestern der finsterste Unhold von heute sein. Fast die gesamte Blüte der französischen Intelligenz wurde so innerhalb von 20 Jahren ermordet – bis Napoleon an die Macht kam und die jakobinische »Cancel Culture« insgesamt cancelte.

Kurzum: »Cancel Culture« ist der Mundgeruch der Demokratie. Sie nervt, sie bringt unsere bösartigsten Instinkte zum Tragen – doch ohne sie geht es nicht. Das Problem sind die Opportunist:innen: die Veranstalter:innen, die Verlage, die Intendant:innen, die Universitäten, die einknicken, nur um ihren Hals zu retten. Ganz ehrlich: Das Geschrei meiner Feinde hält mich wach, beweglich, am Denken. »Unsere Filmemacher setzen perfektes Licht. Aber sie haben nichts Interessantes mehr zu beleuchten«, schrieb einmal Rüdiger Suchsland, mein Lieblingsfilmkritiker. Wir Künstler:innen sind dazu da, die Welt nicht nur abzubilden, sondern sie gegen uns aufzubringen. Lang lebe die »Cancel Culture«!

PLÖTZLICH DIESE OFFENHEIT

Seit zwei Tagen sitze ich in einem angenehm kühlen, zugleich seltsam leeren Venedig und gebe ein Interview nach dem anderen. Unser Jesus-Film »Das Neue Evangelium« feiert offiziell Weltpremiere, die Kritiker:innen haben ihn allerdings zuvor in den Pressevorführungen der letzten Tage gesehen. Und je weniger Menschen wegen der Corona-Einschränkungen an die Aufführungen kommen können, desto heißer laufen die ganzen Seitenprogramme: Debatten, Gespräche und eben Interview-Staffetten.

Die meisten Künstler:innen hassen Interviews: immer wieder die gleichen Fragen. Hat man einen dramaturgischen Fehler gemacht, hat man sich gar in politische oder ethische Graubereiche begeben, wird einem das dutzendfach um die Ohren gehauen. Was nicht verwunderlich ist: Ein Film und ein Stück funktionieren nur, wenn die verschiedensten Komponenten im Kopf der Zuschauenden Raum bekommen, ineinander übergehen können. Pressevorführungen sind jedenfalls dafür gemacht, vorgefertigte Urteile zu bestätigen.

Vor 20 Jahren, als ich noch als Kritiker arbeitete, saß ich ab und zu in einer. Die Zuschauer:innen kamen und gingen, redeten während der Aufführung, gähnten, lachten. Ich erinnere mich an eine Pressevorführung während der Berlinale. Es war sogar etwas Licht im Saal, damit man sich besser Notizen machen konnte. Nach geschätzt fünf Minuten sagte einer hinter mir: »Das ist einfach nur Scheiße«, worauf er aufstand und verschwand. Ich fand den Film fantastisch. Als ich kurze Zeit später meine eigene Kritik schrieb, hallte in meinem Kopf jedoch dieses eine Wort nach: »Scheiße«.

Spricht man also mit einem Kritiker oder einer Kritikerin, glaubt man zu wissen, in welcher Stimmung das Gegenüber ist. Man fühlt sich verraten, bevor das Gespräch losgegangen ist. Umso überraschter war ich von der Offenheit, der Entspanntheit der Interviews. Vielleicht bin ich zu negativ und projiziere nur meinen eigenen Zynismus auf andere. Doch obwohl einige Dinge zu Fragen Anlass gaben – etwa die extreme Gewalttätigkeit einiger Szenen –, so war es eher wie ein Treffen unter Filminteressierten. Ich lernte alle möglichen Dinge über den Film und über andere Dinge, die damit zu tun haben. Ein Journalist erzählte mir von seiner katholischen Erziehung, ein anderer von seiner Liebe zu den Großaufnahmen in Pasolinis Filmen.

Vor allem aber war ich erstaunt, wie fast jede:r eine andere Szene für die zentrale, die wichtigste hielt. Alle schienen sich das »Neue Evangelium« wirklich angeschaut zu haben. Schon klar, als Pointe in einer Kolumne ist das zu versöhnlich. Ich hatte dennoch selten so viele interessante Gespräche mit meist absolut Fremden wie in den letzten Tagen. Und das am ungünstigsten Ort: im Zentrum eines der hektischsten Filmfestivals der Welt, gewissermaßen im Auge des Kino-Narzissmus.

Klar, es ist völlig egal, was in Venedig geredet wird. Mir scheint allerdings, dass die Corona-Krise uns alle etwas entspannter, etwas zugewandter gemacht hat. Hoffen wir, das hält an.

DIE AUSNAHME IST DIE NEUE NORMALITÄT

Am Donnerstag war ich für einige berufliche Treffen in Paris. Die französische Hauptstadt ist, von meinem belgischen Arbeitsort her gesehen, »rote Zone«. Das bedeutet: Bleibt man länger als 24 Stunden, muss man sich bei der Rückkehr in Quarantäne begeben. Was nicht unbedingt logisch ist, da das Coronavirus die 24-Stunden-Regel wohl kaum kennt. Genauso unlogisch ist die Tatsache, dass Tag für Tag Zehntausende von Menschen berufsmäßig zwischen den – aus dem jeweiligen Ausland betrachtet – »roten Zonen« Brüssel, Paris und Köln für ihren Beruf hin- und herpendeln.

Wie auch immer: Mir blieben also etwas mehr als 10 Stunden in Paris. Trotzdem schaffte ich es, den Dramatiker Wajdi Mouawad zu besuchen. Als in den 70er-Jahren der libanesische Bürgerkrieg begann, wanderte Mouawads Familie in den Westen aus. Seine Stücke – weltweit aktuell die meistgespielten – sind angesiedelt zwischen Exil und der Erinnerung an eine Heimat, die im Bürgerkrieg versunken ist: traumatische Familiengeschichten, halb Autobiografie und halb Fiktion.

Als die Familie Mouawads zu Beginn des Bürgerkriegs nach Frankreich emigrierte, rechnete man mit einem schnellen Ende der Kämpfe. Dennoch ging der Krieg immer weiter, wurde immer brutaler. Die Rückreise verschob sich Monat um Monat, bis die Familie Mouawads ganz im Westen blieb. »Wir lebten auf Sicht, immer nur maximal das nächste halbe Jahr im Blick«, sagte mir Mouawad.

Und fügte lächelnd hinzu: »Eigentlich genau so wie heute mit Corona.«

Mouawad hat recht: Der Ausnahmezustand ist unmerklich zur neuen Normalität geworden, und trotzdem gewöhnen wir uns nicht an ihn. Im März rechneten wir mit ein paar Wochen Theater-Schließung, schließlich wurden zwei Monate, ein Viertel- und unmerklich ein halbes Jahr daraus. Alles ist unsicher: Gastspiele werden eine Woche vor Premiere abgesagt, weil eine Stadt über Nacht zur »roten Zone« erklärt wird, nur um drei Tage später wieder normalisiert zu werden. Alles ist vorläufig, und das Vorläufige selbst ist auf Dauer gestellt.

Das Interessanteste ist zweifelsohne, wie sich Corona in unsere Körper übersetzt hat. Manchmal will ich zum Beispiel jemandem die Hand geben, und erst wenn das Gegenüber zurückweicht, erinnere ich mich, wo ich bin: in der Corona-Welt. In einer Welt, in der man sich mit dem Ellbogen grüßt und die Laune des anderen aus seinen Augen abliest. Ich erinnere mich, wie seltsam es war, als zum ersten Mal Maskenpflicht herrschte. Heute kommt es mir fast exhibitionistisch vor, wenn ich im Zug ein unverhülltes Gesicht sehe. Es ist, als würde man in einem Zwischenraum leben: halb in der alten, halb in der neuen Welt.

Genauso sind Wajdi Mouawads Stücke. Sie handeln von Menschen, die – körperlich, seelisch – zur Hälfte in der Vergangenheit, zur Hälfte in der Gegenwart feststecken. Denn etwas fehlt in der neuen Welt, es herrscht eine stille Leere. Und langsam, eher wie ein Vergessen, macht sich die Ahnung breit, dass die alte Welt nicht wiederkehren wird.

WARUM ICH DAS THEATER LIEBE

Einmal sah ich an der Berliner Volksbühne einen Monolog. Die Hauptrolle wurde von einem Schauspieler gespielt, der seit Urzeiten im Ensemble war und seit über zehn Jahren keine einzige Rolle mehr bekommen hatte. In der letzten Vorstellung blieb er plötzlich mitten auf der Bühne stehen. Er hatte die ganze Zeit ohne Pause gesprochen, jetzt blieb er stehen und sah sich um. Es wurde still, für eine ungewöhnlich große Zeitspanne. Plötzlich hob dieser Schauspieler den Finger, als ob er etwas sagen wollte, öffnete dabei eine Bodenklappe und sprang hinein. Er war weg und blieb weg. Am nächsten Tag wurde er pensioniert.

Ein anderes Mal kam eine Bäuerin auf die Bühne, es war im Ostkongo. Das geschah im Rahmen des »Kongo Tribunals«, das wir dort gegen eine Minenfirma organisierten. Die Bäuerin war wie ihr ganzes Dorf auf einen windigen Berg deportiert worden. Ihre Familie hatte sich zerstreut, ihre Ziegen hatten aus einem mit Zyanid verseuchten See neben der Mine getrunken und waren gestorben. Die Bäuerin erzählte all dies, und während sie sprach, ging unmerklich die Zeit vergessen. Also begann sie, über ihre Träume zu sprechen. Dass sie in ihr Dorf zurückkehren wollte. Wie viele Zimmer ihr wieder aufgebautes Haus hätte, für jedes ihrer Kinder eines. Wie wir später sahen, dauerte ihr Auftritt mehr als eine Stunde. Ein Saal, in dem 1000 Menschen waren, hatte ihr gebannt zugehört.

Seit zwei Wochen ist mein belgisches Theater geschlossen, meine Stücke werden nicht mehr gespielt. Warum also liebe ich das Theater? Es sind die kleinen Dinge. Ich mag es, wie Laiendarsteller:innen auf die Bühne kommen: ihre erst zögerliche, dann entspannte Anwesenheit. Ich mag Bühnentechnik, ich mag falschen Regen und falschen Wind. Ich schaue Schauspieler:innen gern bei Aufwärmproben zu: ihre totale Beherrschung von Form und Gefühl. Ich mag lange Monologe und langes Schweigen. Ich liebe es, wie gewisse Menschen die Aufmerksamkeit auf sich ziehen können. Aber noch mehr liebe ich die, die es verstehen, vor meinen Augen aus reinem Willen fast unsichtbar zu werden.

Im Theater kann man nicht tricksen, das Publikum sieht immer alles, in Echtzeit. Es ist ein ganz anderes Zusehen als bei Filmen. Die Zeit vergeht auf der Bühne gleichförmig, wie an jedem beliebigen Tag. Alles ist absolut da, wie in einem Wartesaal, hartnäckig. Das Theater ist eine archaische Kunst: Niemand kann schneiden, es gibt keine Postproduktion. Was schiefgeht, wird Wirklichkeit. Ein Sieg der Menschlichkeit wie bei der Rede der Bäuerin oder bei dem Schauspieler, der abschließend den Auftritt seines Lebens hat, interessiert mich deshalb im Theater mehr als im Film.

Meine Lieblingsschauspielerin, Ursina Lardi, erzählte mir einmal folgende Szene: Ein Schauspieler, eine verzweifelte Tschechow-Figur, erschießt sich hinter der Bühne. Nach einiger Zeit taucht er wieder auf, geht blutverschmiert zur Rampe. Ist er ein Gespenst? Muss man sich fürchten vor ihm? Man weiß es nicht. Schließlich lacht er und verbeugt sich.

JUST ASKING

Auf welche Dinge oder Handlungen, auf die Sie wegen Corona verzichten müssen, würden Sie auch in Zukunft gern verzichten? Sind Sie durch Corona einsamer geworden oder konzentrierter? Fehlt Ihnen die regelmäßige Gesellschaft anderer Menschen, oder sind Sie froh, mehr Zeit für sich selbst und Ihre Familie zu haben? Haben Sie sich verändert, seit alles losging? Inwiefern? Würden Sie sagen, dass Sie sich unterdessen an Corona gewöhnt haben?

Wann haben Sie zum ersten Mal eine Online-Konferenz besucht? Seit wann sind Sie auf Facebook, TikTok oder Twitter? Lesen Sie diese Kolumne digital oder auf Papier? Erinnern Sie sich, als sie zum ersten Mal ein Mobiltelefon sahen? Misstrauen Sie dem Internet? Beunruhigt es Sie, dass Amazon und Google Ihre geheimen Obsessionen besser kennen als Sie selbst? Oder halten Sie das Gerede von der »guten alten Zeit« für ein Vorurteil des Alters? Sind Sie der Meinung, dass alles zum Besseren bestellt ist im Vergleich zu, sagen wir, den 1970er-Jahren? Ganz ehrlich: Würden Sie sich eher zu den Gewinner:innen oder den Verlierer:innen des digitalen Zeitalters zählen?

Können Sie sich an die Begeisterung erinnern, mit der Sie als Kind ein neues Buch oder das neue Album Ihrer Lieblingsband in der Hand hielten? Können Sie sich erinnern, mit welcher Selbstvergessenheit Sie sich als Teenager verliebt haben, gereist sind, Freundschaften geschlossen haben? Hatten Sie damals Überzeugungen?

Engagierten Sie sich für den Weltfrieden, die Rechte von Minderheiten, die Umwelt? Waren Sie Vegetarier:in? Haben Sie als Teenager anstrengende Filme geguckt und Bands gegründet? Sind Sie damals auf Demos gegangen und haben Gedichte verfasst? Warum oder warum nicht?

Halten Sie Überzeugungen für etwas, das man sich nur leisten kann, wenn man nicht im wirklichen Leben steht?

Fühlen Sie sich älter oder jünger, als Sie tatsächlich sind? Neigen Sie zu Kopfschmerzen, zu eingebildeten Krankheiten? Erinnern Sie sich an den Moment, in dem Sie zum ersten Mal auf der Straße gesiezt wurden? Als Sie sich zum ersten Mal gewundert haben, wie jung die Lehrerin Ihrer Kinder ist? Könnten Sie diese Aussage mit Ja beantworten: »Ich liebe mein Leben«? Fürchten Sie sich vor langer Krankheit, vor Schmerzen, vor dem Tod? Oder machen Sie sich über solche Dinge keine Gedanken, da es sowieso nichts bringt?

Hätten Sie gern diese Eigenschaft: Schöne Dinge immer wieder zum ersten Mal zu tun? Erinnern Sie sich an den Tag, an welchem Sie das erste Mal klar erkannt haben, dass das, was Sie tun, und das, was Sie für richtig halten, zwei unterschiedliche Dinge sind? Nervt oder beeindruckt Sie moralische Konsequenz? Halten Sie Überzeugungen für etwas, das man sich nur leisten kann, wenn man nicht fest im Leben steht?

Fühlen Sie sich eher Ihrem Land, Ihrer Region, Ihrem Quartier verbunden? Welche Partei würden Sie verbieten lassen, wenn es möglich wäre? Oder halten Sie Parteipolitik grundsätzlich für wenig ausschlaggebend? Wenn Sie ein Land entwerfen könnten, welches wäre das? Was wären die Farben der Fahne dieses Landes? Was wäre seine Regierungsform? Und was stünde ganz oben auf der Agenda? Oder interessiert Sie das alles nicht?

2021

WAS MAN BEIM STURM AUFS CAPITOL HÄTTE BESSER MACHEN KÖNNEN

Im Jahr 2017 ließ ich das deutsche Parlament als Kunstaktion stürmen. Deshalb werde ich, wird ein Regierungsgebäude von Demonstranten angegriffen, nach meiner Meinung gefragt – so auch nach den Ereignissen in Washington. Aber beim Sturm aufs Capitol kommt noch ein weiterer, fast unheimlicher Aspekt dazu. Ich probe gerade in Genf an Mozarts historischer Oper »La Clemenza di Tito«. Das letzte Werk des Salzburgers, anlässlich der Krönung des österreichischen Kaisers uraufgeführt, dreht sich um einen Staatsstreich – und der Höhepunkt ist tatsächlich die Erstürmung des Capitol. Weshalb ich mich im Folgenden frage: Was hätte man in Washington anders machen können?

Dramaturgie. Sorry, aber es muss gesagt sein: Mehr Dramatik hätte der Erstürmung gutgetan. Mehr Feuer, mehr Kampf und Rauch. Die majestätische Treppe zum Capitol wurde choreografisch schlecht genutzt, wobei hier die Schuld bei der Staatsmacht liegt. Ganz anders als bei der Black Lives Matter-Demonstration im Sommer hatte die Polizei sich nicht in langen Kampfreihen auf den Stufen aufgestellt, sondern kam sogar zu spät zur Vorführung. Das Gleiche auf der Ebene des Textes: An Parolen, die über übliche Beschimpfungen, QAnon- oder Kekistan-Flaggen hinausgegangen wären, mangelte es. Selbst wenn alle über die Vorbereitungen des »Putschs« auf Telegram reden: Es war ein Sturm ohne Plan und ohne kämpferische Poesie. Und vom Martial-Arts-Aspekt her war der Angriff aufs Capitol, man muss es leider sagen, nicht mehr als ein Ausverkaufsgedrängel.

Deutungsoffenheit. Als Kind fragt man sich: Warum kann man Träume sehen, obwohl man doch im Schlaf die Augen zuhat? Und manchmal gibt es solche Momente, in denen man die Augen weit offen hat und doch nicht glauben kann, was geschieht. Ein solcher Moment war die Erstürmung des Washingtoner Capitol vergangene Woche: surreal und echt, effektiv und doch völlig sinnlos zugleich. Die Bilder, die dabei entstanden – der Schamane mit den Hörnern, die als Wikinger, Milizionäre oder Konföderierte verkleideten Bikerclubs –, waren auf seltsame Weise gewöhnlich und standen doch in bester surrealistischer Tradition. Ein gutes Kunstwerk ist deutungsoffen, lernt man im Kunstgeschichtsseminar. Was will uns der Horn-Mann sagen? Warum mischten sich die Rednecks mit Avantgardemusikern wie Ariel Pink oder John Maus? Warum Hipster-Leggins neben Ledermonturen? Follow the White Rabbit – aber wohin? Es wurde in Washington, um mit Luis Buñuel zu sprechen, »ein Film geschaffen, der nichts symbolisiert und keine Erklärungen zulässt«.

Figuren und Kostüm. Das war zweifellos das stärkste Department beim Sturm in Washington. In der Oper ist normalerweise für die Inszenierung von Massenszenen wenig Zeit, obwohl sie das Schwierigste sind: Man muss die Waage halten zwischen Kollektiv-Aktion und einzelnen besonders skurrilen Charakteren. In den Gängen des Capitol wurden die wohl unvergesslichsten Bilder jener Implosion der amerikanischen Kultur geschossen, für die die Trump-Ära steht. Und ich spreche nicht nur vom mittlerweile global berühmten Trash-Schamanen Jake Angeli mit den Büffelhörnern. Der Sturm aufs Capitol war insgesamt ein Tanz der Symbole, ein ultimativer Karneval des Realen. Rechtsradikale, sezessionistische und freischwebende Verschwörungs-Items konkurrierten miteinander. Als Indianer verkleidete Hillbillys fraternisierten mit Großstadt-Dandys in Kapuzenpullovern, muskulöse Fahnenschwinger posierten an der Seite von Vorstadtspießer:innen, die aufpassten, schön auf den Teppichen zu gehen. Um es mit den Worten von Michael Moore zu sagen: Es war »das größte Fuck You aller Zeiten«. Respekt!

Höhepunkt. Bei Massenevents wie Tanzshows, bei Musicals oder im Zirkus gibt es eine Regel: Es ist egal, was zwischendurch passiert, solange das Ende hinreißend ist. Man kann auch mal die Pferdchen im Kreis laufen lassen, schlechte Clowns in die Manege schicken, das Orchester muss nicht alle Töne treffen, und es darf auch irgendwie alles zu lang sein. Egal: Die letzten zwei Nummern, die letzten fünfzehn Minuten entscheiden über das Gefühl, das bei den Zuschauer:innen zurückbleibt. Und hier lag das fundamentale Problem der Washingtoner Performance. Wie man ins Capitol kommt, war klar und trotz aller Längen spannend. Was jedoch passiert, wenn man drin ist? Vielleicht ist das Bild des Mannes, der sich auf Nancy Pelosis Ledersessel wie im ultimativen Country-Club räkelt, in der Nase bohrt und endlos Selfies schiesst, das ikonischste Bild eines verfehlten Höhepunkts. Man sagt, ein eifriger Sturmtrupp habe sogar Kabelbinder dabeigehabt, um besonders unbeliebte Abgeordnete abzuführen. Aber siehe da: Das Zentrum der Macht war leer. Und den Zuschauer:innen wurde keine Kaiserkrönung oder immerhin die Verlesung einer neuen Verfassung serviert, sondern bloß eine Flut von Tweets voller Rechtschreibfehler.

Moral. Am Tag nach einer gescheiterten Revolte wird – siehe diese Kolumne – die Ethik und Ästhetik des Pöbels verspottet. Während die eher ernsten Kommentator:innen von »Sakrileg« oder gar

»Verrat« sprechen, gibt es auf ironischen Hipster-Seiten bereits Fake-Action-Figures vom Horn-Mann zu kaufen. Gleichzeitig offenbart die Aktion der Trump-Anhänger:innen, wenn auch unabsichtlich, die Vulgarität der Macht selbst. In einem ultimativen brechtianischen V-Effekt zeigt uns der Nasenbohrer, der sich im Sessel der Kongressvorsitzenden räkelt, die Kaiserin ohne Kleider. Nancy Pelosis Lederthron, der verzierte Holzschreibtisch und die ganze pseudoantikisierende Louis-Quatorze-Ästhetik des Capitol sehen plötzlich tatsächlich aus wie ein überdimensionierter Country-Club.

Die Bühne der Demokratie wirkt, besichtigt vom Horn-Mann und seinen Kumpan:innen, nur noch protzig und feudal, seltsam leblos und hohl. Oder mit einem Wort: trumpianisch. Das ist wohl auch die Moral aus der Geschichte: Die amerikanische Demokratie ist im Innersten kontaminiert durch die vergangenen Jahre. Und ja, so scheint mir nach Abzug der Horden, vielleicht ist sie auf lange Zeit hinaus sogar zerstört. Würde, Harmonie, Ausgleich, diese republikanischen Tugenden sind im Sturm der Lügen untergegangen. Oh, poor city upon the hill!

ILLUSIONS-HEROIN

»Wer Haschisch raucht, der landet irgendwann beim Heroin.« Schon tief in den 90ern, als ich noch selbst kiffte, war dieser Satz bereits ein angestaubter Ladenhüter aus einer vergangenen Zeit. Doch die Grundidee ist eigentlich zutreffend: Jedes befriedigende Verhalten tendiert dazu, sich zu wiederholen. Welche Gründe der Verstand auch vorschieben mag, der menschliche Organismus will schlichtweg mehr vom gleichen Glück. Die Frage ist also nicht, was die Obsession ist, die einen treibt, welche Droge man nimmt – sondern was man aus ihr macht.

Besonders ausgeprägt ist dieser produktive, sich steigernde Wiederholungszwang in der Kunst. Als junger Mensch fragte ich mich: Warum machen Jeanne-Claude und Christo eigentlich nie etwas anderes, als Häuser einzupacken – und warum werden die eingepackten Häuser immer größer? Warum dreht Woody Allen eine Komödie nach der anderen? Warum veröffentlicht Peter Handke von Jahr zu Jahr epischere Beschreibungen seiner Spaziergänge, während Peter Bichsels Bücher immer wortkarger werden? Ist man als Künstler:in dazu verdammt, immer das gleiche Buch zu schreiben, den gleichen Film zu drehen – bis man zur eigenen Karikatur wird?

Als ich begann, Theater zu machen, tat ich es aus einer Haltung der Verweigerung heraus. Damals waren ironische, wie DJ-Sets präsentierte Revuen der großen Roman- und Filmstoffe angesagt. Also konzentrierte ich mich instinktiv auf ein langsames Theater, das seine

Kraft aus der Kollektivgeschichte und den Traumata der Darsteller:innen auf der Bühne zog. Und irgendwann kam der Tag, als ich einen Abend mit dem Titel »Die Geschichte des Maschinengewehrs« inszenierte. Ganz egal, wie gelungen das Stück war: Der Titel war die Karikatur eines Milo-Rau-Titels.

In den folgenden Jahren begann ich deshalb, Dinge zu tun, die auf den ersten Blick schlecht zu mir passten: Ich inszenierte Klassiker, übernahm die Leitung eines Theaters, machte ein Stück zu einem Altarbild, drehte einen Jesusfilm. Und vielleicht habe ich mit meiner aktuellen Inszenierung – einer Mozart-Oper – das Maximum an absichtlicher Selbstentfremdung erreicht. Wenig überraschend, dass ein Großteil meiner Arbeit an der Oper darin besteht, die melodramatisch übersteigerte Sprache und die pompöse Gefälligkeit der Musik auf ihren emotionalen und politischen Kern zu bringen. In der kindlichen Hoffnung, eine Wirklichkeit in einer 200-jährigen Mozart-Oper zu entdecken, die in nur genau dieser Konstellation von Menschen, in nur genau diesem historischen Moment angelegt ist.

Das Problem dabei ist: Mozart unternimmt alles, um sich so weit wie möglich von der Wirklichkeit zu entfernen. Wenn Theater und Film Illusions-Hasch sind, dann ist Oper Illusions-Heroin. Als Regisseur ist man, da Musik und die – im Fall von Mozart ohnehin völlig absurde – Handlung ja feststehen, eine Art Innendesigner mit den Vollmachten eines professionellen Träumers. Womit sich nicht mehr die Frage stellt: Was mache ich mit Mozart? Sondern: Was macht Mozart mit mir?

Editorische Notiz

Von 2014 bis 2021 war Milo Rau Kolumnist für die in der Schweiz erscheinende SonntagsZeitung. Der vorliegende Band versammelt eine repräsentative Auswahl dieser Texte in chronologischer Reihenfolge, die Texte wurden für diese Buchausgabe leicht überarbeitet.

Raus Kolumnen beinhalten Reflexionen über seine künstlerische Arbeit, den eigenen Alltag sowie aktive und reaktive Auseinandersetzungen mit aktuellen, gesellschaftlichen und politischen Fragen. Leichtfüßig pendeln sie vom Konkreten ins Allgemeine und von dort wieder zurück, stets dem Klein-Klein des Zeitgebundenen ein Moment des Zeitlosen, Ungelösten abgewinnend.

Zusammen mit der Essay-Sammlung »Althussers Hände« (Verbrecher Verlag 2015) ermöglicht »Grundsätzlich Unvorbereitet« einen umfassenden Blick auf den Dialektiker und Stilisten Milo Rau, der den erfolgreichen Theaterautor, Regisseur und politischen Aktivisten kongenial ergänzt.

Wir danken der SonntagsZeitung für die unkomplizierte Kooperation.

Kaatje De Geest und Rolf Bossart, Gent und St. Gallen, Februar 2021